肌がきれいになる

石けんオフメイク＆知的スキンケア

石けんオフメイク研究会

Prologue ————

　2020年、突然にして余儀なくされたリモート＆マスク生活に伴って、心にも体にも変化が訪れたという方は多いと思います。そんな中でよく聞かれたのが「外出せずメイクをしない日が増えたら、肌が乾燥しにくくなった」という声。最近は保湿力の高いメイク製品が増えているので、これにはメイクをしないこと自体ではなく、クレンジングの回数が減ったことが影響しているのではないでしょうか。

　強いクレンジングや洗い過ぎは、肌のバリア機能を乱し、乾燥やゆらぎ、さまざまな肌トラブルの原因となります。ミネラルと天然由来原料で作られたメイクアイテムを選び、肌に負担をかけない石けんで落とせば、バリア機能が整い、厚塗りを卒業できる美肌に。この理論を形にした2冊の書籍は、うれしいことに大きな反響を呼びました。

　今、さまざまな美容の情報が世に氾濫しています。読者の方々とSNSでコンタクトをとる中で、皆さんの肌悩みを解消するには、本当に正しいスキンケアの情報が必要だと気づきました。そこで、メイクのアップデート情報に加え、スキンケアの理論を初めてしっかり盛り込んで作ったのが、本書です。シリーズをご愛読の方はもちろん、初めての方にも美肌の真実が簡単に理解できるような内容を心がけました。ぜひ、最後までお読みいただけたら幸いです。

『 クレンジングをやめたら
　　肌がきれいになった 』

北島 寿 著
（2017年9月初版発行）

『 肌がきれいになる
　　石けんオフメイク 』

石けんオフメイク研究会 著
（2019年9月初版発行）

Introduction

————

石けんオフメイク
＆知的スキンケア

とは

肌がきれいになる論理的メソッド

季節の変わり目やストレスでゆらぎやすい、

乾燥や毛穴が気になる、たまにニキビができる……。

そんなトラブルを抱える肌は、角層のバリア機能が乱れている可能性大です。

外界との境界である肌表面の「角層」は、潤いを保ち、

ダメージの侵入を防ぐ、美肌のカギとなる大切な場所。

角層は強いクレンジングや洗い過ぎによって影響を受けやすく、

一度バリア機能が乱れると、肌トラブルが起こりやすくなります。

バリア機能に影響を与えにくい石けん洗顔で

メイクも肌の汚れも一度に落とし、健康な肌へ。

さらに、肌のメカニズムに沿って本当に必要な潤いと

美容成分を補う、本質的で知的なスキンケアをプラスすれば、

ふっくらと潤って透明感あふれる、きれいな肌に。

本書でご紹介する「石けんオフメイク」と「知的スキンケア」は、

繰り返す肌悩みの解決につながる、

年齢を問わずどんな人にも伝えたい、論理的なメソッドです。

石けんオフメイクで
洗い過ぎの負担をなくし、バリア機能を回復

たとえスキンケアを頑張っても、強いクレンジングや洗い過ぎによって
肌のバリア機能が乱れている状態では、潤いが逃げて外部刺激が侵入し、肌の調子は
悪くなるばかり。クレンジング不要なメイクコスメを使い、石けん洗顔1回で
すべての汚れを落とすことを習慣にすると、少しずつバリア機能は回復に向かいます。

知的スキンケアで
美肌になるために必要なものを補う

たっぷりの潤いに加え、乾燥や毛穴、くすみ、色ムラ、ハリのなさなど
肌の悩みに対応する美容成分を与え、〝トラブルが起こらない〟から一歩進んだ、
きれいな肌へ。肌によさそう、といったイメージや雰囲気ではなく
本当に必要なものを知り、知的に補うことで、肌の美しさは磨かれていきます。

トラブルが起こりにくい
強く美しい肌へ！

強いクレンジングや洗い過ぎが
肌によくない理由

　肌は表皮、真皮、皮下組織という層に分かれていて、表皮の最上部に角層があります。角層には「角層細胞」がレンガのように並び、その隙間を「細胞間脂質」がセメントのように埋めています。この構造により、潤いを保ってダメージの侵入を防ぐ〝バリア機能〟が保たれています。

　クレンジング料や洗顔料には、汚れを浮かせてすすぎ落とすための「界面活性剤」が入っていますが、その力が強過ぎたり、何度も洗ったり、肌の上に長時間おいたりすると、界面活性剤によって細胞間脂質が溶け出し、洗い流されてしまうのです。すると、バリア機能が不安定になり、潤いを保てない肌に。それだけでなく、外部の刺激が肌に侵入して、さまざまなトラブルが起こり、シミやたるみなどの老化にもつながります。

きれいな肌は、
バリア機能が高い

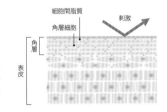

角層細胞がきちんと成熟していて、その隙間を細胞間脂質がぴったりと埋めていると、バリア機能によって潤いが保たれます。外部刺激の影響を受けにくい、強く美しい肌に。

洗い過ぎは
バリア機能を奪う

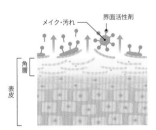

メイクや汚れを落とすことは肌にとって必要です。しかし、クレンジング料は落ちにくいメイクを落とすために洗浄力が強いものが多く、細胞間脂質も洗い流してしまいがち。

石けんオフメイクで
美肌サイクルが生まれる

「肌トラブルを繰り返している」「もっときれいな肌になりたい」という方は、強いクレンジング料を使わないと落ちないメイクを思い切ってやめ、石けんで落とせるアイテムに切り替えましょう。ここが美肌サイクルのスタートになります。

　石けんでメイクと汚れを落とし、清潔な肌に潤いと必要な美容成分を補えば、潤いと透明感がアップ。肌がきれいならファンデーションを厚塗りする必要もないので、素肌を生かしたナチュラルメイクが可能に。似合うメイクの幅がぐんと広がるし、何より肌がきれいだと自分に自信がついて、内面からの美しさが輝き出します。

石けんオフメイクの
ポジティブな
美肌サイクル

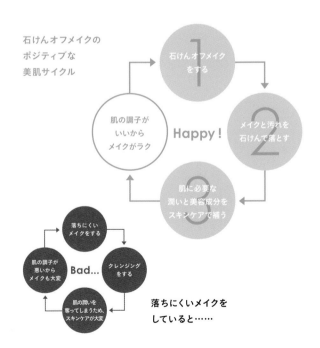

落ちにくいメイクを
していると……

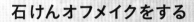

1

石けんオフメイクをする

　メイク製品に配合されている油溶性ポリマーやシリコーン、合成ワックスなどは、美しいツヤやもちのよさを叶えてくれます。肌にぴったり付着して、汗や皮脂にもくずれにくいということは、反面、落とすときに強い洗浄力を備えたクレンジング料が必要ということです。強いクレンジング料は肌の潤いまで奪ってしまいます。

　それらの成分を使わず、主にミネラルや天然由来成分でできたコスメに切り替えれば、石けんで落とすことができます。マスカラやアイライナーは、お湯で落とせるフィルムタイプがおすすめ。石けんオフコスメには多彩な色や質感のアイテムがあり、トレンドメイクも楽しめます。

こんなコスメがクレンジング不要です

✓　ミネラルと天然由来成分100%のもの

✓　上記以外でも「石けんで落とせる」と表記があるもの

✓　「お湯でオフ」「フィルムタイプ」と表記があるもの

クレンジングが必要な成分は？

ポリマー （主に油溶性）	肌に密着して面のツヤを出せる分、膜を作って簡単には落ちない。**成分表記例**／ポリウレタン -11、カルボマー、メタクリル酸メチルクロスポリマー、（エチレン／プロピレン）コポリマー、アクリレーツコポリマー　など
合成シリコーン	汗にも皮脂にもなじみにくく、化粧もち向上や顔料（色素）の色ぐすみ防止、凹凸埋めなどの目的で使われる。**成分表記例**／ジメチコン、メチコン、シクロメチコン、シクロペンタシロキサン、トリフルオロアルキルジメチルトリメチルシロキシケイ酸　など（○○ジメチコン、○○メチコンなども同様）
合成ワックス	石油系の固形油分。口紅や練り状アイテムに多く配合。ほぼ親水性がなく、強い界面活性剤を使わないと落ちにくい。**成分表記例**／合成ワックス、セレシン、パラフィン、○○ワックス　など
染料	角層を染めるように色づき、時間が経つと落ちにくくなる色材。クレンジングしても多少残る場合も。**成分表記例**／○色○○○号（赤色１号　など）

メイクと汚れを石けんで落とす

石けんオフコスメでメイクをした日の夜は、石けんの一度洗いでメイクも汚れもすっきり落としましょう。石けんは天然由来のシンプルな界面活性剤で、合成の界面活性剤とは性質がまったく異なります。石けんには「加水分解性」があり、水で薄まるとすぐに界面活性を失うのです。

洗うときだけ洗浄力を発揮し、すすげばすぐに効力を失う。これが、石けんが肌のバリア機能を奪わず、環境にも優しい理由です（一般的に、石けん以外の合成界面活性剤

はどんなに薄めても界面活性が残ります）。

また、石けんの多くは弱アルカリ性です。酸性よりアルカリ性の方が洗浄力は高いので、メイクも肌の汚れも一度に落とすなら、洗顔料より石けんが確実であるというわけ（オイリー肌用などアルカリ性の洗顔料もあります）。洗顔中、肌表面がアルカリに傾いても、洗顔後は少したてば弱酸性に戻るので、よほどの敏感肌やアトピー肌でない限り、肌への影響を心配する必要はありません。

③

肌に必要な潤いと
美容成分をスキンケアで補う

　クレンジングをやめると肌の乾燥やゆらぎは和らぐのですが、多少毛穴が詰まりやすくなることも。毛穴に詰まっているものは皮脂と古い角質が混ざった「角栓」なので、クレンジングを使わなくても、角質ケアを取り入れると改善します。その後、たっぷり保湿ケアを。〝化粧水をバシャバシャつける〟などの気持ち先行ケアではなくて、肌のことをきちんと知り、バリア機能を補う成分や、トラブルのケアに効果的な成分が配合されたスキンケアコスメを使いましょう。詳しくは P.62 〜、P.76 〜でご紹介します。

　肌トラブルは、決して諦めるべきものではありません。洗い過ぎを防いでバリア機能を取り戻すこと、肌に本当に必要なスキンケアをすること。このふたつで、肌に自信がなかった方でも、理想の美肌を目指すことができるのです。

肌がきれいになる

石けんオフメイク＆知的スキンケア

Contents

※ 掲載の情報は2020年7月現在のもので、商品の価格やパッケージなどは変わる可能性があります。

※ 商品の価格は税抜き表示です。

※ 本文中の「エイジングケア」とは、年齢に応じたお手入れのことです。

※ 本文中の「美白」とは、メラニンの生成を抑え、シミ・そばかすを防ぐお手入れのことです。

石けんオフメイク＆知的スキンケア 最新コスメ JOURNAL

毎年、春と秋にはたくさんの新作コスメが誕生します。2020年秋にデビューした
メイク＆スキンケアから、ぜひご紹介したいアイテムをピックアップ。

ETVOS

シアー＆ディープ、どちらも欲しい！　ふっくら潤う唇用美容液

　発売以来根強い人気のあった「エトヴォス」の唇用美容液「ミネラルリッププラン
バー」が、2020年秋にリニューアル。おしゃれなニュアンスカラーを中心としたライ
ンアップとなり、リキッドルージュのような高発色タイプも誕生しました。ベージュが
かったレッドやブラウンを含んだオレンジ、くすみピンク、ブラウンベージュなど、ど
んなカラーも肌なじみよく仕上がっていて、いくつも欲しくなってしまいそう。

　一見すると普通のリップグロスのようですが、植物オイルをたっぷり配合。唇にぴ
たっと密着するテクスチャーがまるでリップパックをしているかのように唇を優しく包
み、水分を抱え込みます。唇本来の色を生かしてほんのり色づく「シアー」と、リキッ
ドルージュのように高発色な「ディープ」、それぞれにふさわしい植物由来の美容成分
も配合。新採用のチップでたっぷりのせて、ふっくら潤った唇を楽しんでください。

シルバーのキャップ（手前）が、淡く色づい
てリップケアとしても使える「シアー」。マ
スクの中のリップにもぴったり。ブラック
のキャップ（奥）が、高発色な「ディープ」。
たっぷりつければ見た目通りに発色、薄く
なじませればティントリップ風の仕上がり。
手前から：ミネラルリッププランバー シアー
フレッシュレッド、アップルレッド、キャン
ディオレンジ、スパークルセピア（2020年
8月19日〜限定カラー）、クリアボルドー 各
¥3000　ミネラルリッププランバー ディー
プ ダスティピンク、ベイクドマロン、ハニー
テラコッタ、ボルドーパンサー（2020年8
月19日〜限定カラー）、ドレスレッド、ブ
リックローズ、ミルキーココア 各¥3000／
すべてエトヴォス

ETVOS

〝肌に優しい〞から一歩進み、スキンケアとベースメイクの融合へ

　良質なスキンケアと肌に負担をかけないベースメイクのシナジー効果で、肌本来の機能を生かし、もっと美しく輝く自分へ。エトヴォスが誕生以来掲げてきたコンセプトを、ワンステップ引き上げるベースメイク「ラシャススキン シリーズ」が誕生しました。

　ただ〝肌に負担をかけずに装う〞ベースメイクではなく、上質な植物オイルや保湿成分で肌を包み込み、素肌そのものが潤って美しくなるようなベースメイク。年齢を重ねて肌の変化を感じる、今までのベースメイクでは合わなくなってきた……と感じている大人の女性のための、贅沢でスマートなベースメイクシリーズです。

　まず誕生するのは、スキントーンカラーにラベンダーパールを忍ばせた化粧下地と、ツヤと立体感を演出するハイライトバーム。どちらも、乾燥による小ジワを目立たなくします（効能評価試験済み）。乾燥してハリを失いやすい肌も、いきいきと輝かせます。

左：ヒト型セラミドを始めとする保湿成分を贅沢に配合し、トリートメント効果で潤うハリ肌に。大人の肌のくすみや色ムラを適度に補整する。日常紫外線にも対応し、休日ならこれ1本でもOK。ミネラルインナートリートメントベース SPF31・PA+++ 全1色25mL ¥4500　中：リキッドやクリーム系のベースアイテムを美しく仕上げる、ダブルエンドのブラシも登場。デュオタッチブラシ ¥2000　右：天然由来のミネラルに美容成分をたっぷり含んだ植物オイルを閉じ込めたハイライトバーム。ピンクベージュのベースに3種のパールをブレンドし、大人の肌のアラを光で飛ばす。ミネラルラディアントスキンバーム 4.8g ¥4000／すべてエトヴォス（2020年9月16日発売）

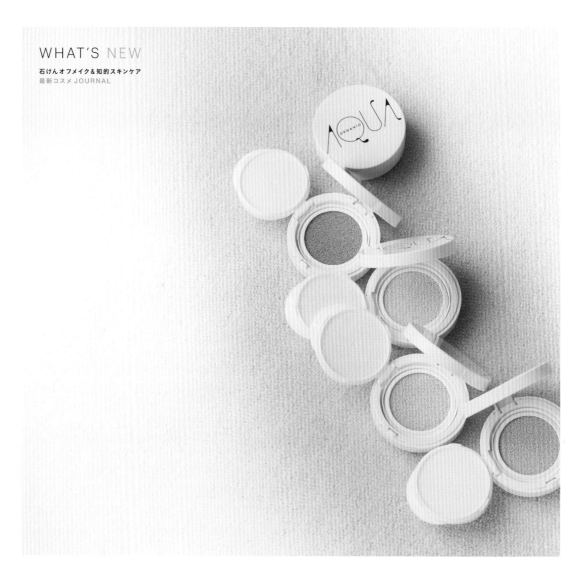

AQUA·AQUA

色と光でみずみずしいツヤ肌を作るクッションカラー下地

「アクア・アクア」のコスメは〝初めてのオーガニックコスメ〟として「プチプラで石けんオフできるコスメが欲しい」という読者の方にいつも大人気！ ミネラルとフレッシュフルーツエキスや植物オイルをベースにした、良質で使い心地のいい石けんオフコスメがそろっています。特に人気が高いのはクッションファンデーション（→ P.30）ですが、2020 年秋、同じクッションタイプのカラー下地が誕生というニュース。

くすみや色ムラの状態は人によってさまざまで、顔の部分によって異なることもあります。見た目にもかわいい 4 色のクッションは、異なるくすみや色ムラに対応すべく作られたもの。血色感の足りない肌には「ピンク」、ツヤと輝きが欲しいなら「グロー」、黄ぐすみやシミ・そばかすをカバーするには「イエロー」、赤みやニキビ痕のカバーには「グリーン」。部分使いしやすいクッションだから、複数を使い分けても！

フレッシュフルーツのエキスや植物オイル、天然ミネラルをブレンドしたみずみずしいリキッドを、クッションに閉じ込めたカラー下地。カラーと光の反射によってくすみや色ムラ、凹凸をカバーし、透明感のあるなめらかな肌に仕上げる。休日ならファンデーションを使わずこれだけでも。アクア・アクア オーガニッククッションコンパクト カラーベース SPF13·PA++ 全 4 色（上から：ピンク／血色感をプラスして、やわらかな印象に、グロー／内側から発光したような輝きをプラス、イエロー／シミやそばかすをカバーして健康的に、グリーン／赤みやニキビ痕をカバーして透明感をプラス）9g リフィル ¥2800、ケース ¥850 ／ RED（2020 年 9 月 14 日発売）

Koh Gen Do

水で弾む、水で磨く。〝水燃費〟のよい肌作りへ

　女優やモデルが通うことで有名なエステサロン「Koh Gen Do」（こうげんどう）。エステティシャンの瀬戸口めぐみさんがブランドディレクターを務める「Koh Gen Do」のスキンケアライン「オリエンタルプランツ」が、2020年秋にリニューアル。着目したのは、サロンワークの中で瀬戸口さんが気づいた、現代人の肌の〝水燃費〟の悪さです。

　肌が乾燥しやすかったり、季節の変わり目に肌あれを繰り返す原因は、肌が熱を溜めやすく、それによって肌表面の角層の水分蒸発が起こりやすくなっていること。肌が水分を保持するバリア機能に着目し、乾燥トラブルの起こりにくい美肌へと導くべく、国産無農薬植物原料からなる「5FP カプセル」、「浸保潤発酵液」というオリジナル原料を開発。何と試作期間を5年以上も要したという全8品から、おすすめの5品をご紹介します。特に「浸保潤発酵液」60％配合の化粧水は、さらさらとまろやかで気持ちいい！

「5FP カプセル」はシャクヤク、鹿角霊芝、ハマナス、カミツレ、橙という5種の国産無農薬植物エキスをナノカプセルで包んだもの。ローションにのみ配合された「浸保潤発酵液」は、米、紫蘇、棗の発酵液。奥から：なめらかな洗い上がり。江原道 オリエンタルプランツ フェイシャルソープ 標準重量 100g（枠練）¥4200　洗顔後の肌に使う導入美容液。同 W エッセンス 30mL ¥6500　浸保潤発酵液を60％と高配合した化粧水。同 発酵ローション -60 150mL ¥4500　肌を潤いヴェール で包むクリーム。同 エモリエントクリーム 40g ¥8600　夜のお手入れの最後に。同 ナイトモイスチャーリペアマスク 40g ¥6500／すべて Koh Gen Do（2020年10月8日発売）

Mediplus

製薬会社と共同開発した、医薬部外品のオールインワンゲル

　潤いで肌をほぐして包み込む〝湿潤美容〟設計の「メディプラスゲル」。肌がしっかり潤って乾かない、と石けんオフメイク研究会メンバーの中でも愛用者が多いアイテムです。そんな「メディプラス」から、新たに医薬部外品のゲルが登場。

　乾燥肌や混合肌、敏感肌向けの設計はそのままに、薬用有効成分を配合した３種のゲル。シミやハリ不足の根本原因である肌あれに着目し、トラネキサム酸とグリチルリチン酸ジカリウムを配合した「スキンエイドゲル」は、大人の肌のためのスペシャルゲル。こっくりとなめらかなテクスチャーで、安心感に包まれます。紫外線や大気汚染物質などの環境ストレスに着目した「ホワイトリセットゲル」は、同じく２種の有効成分を配合した、低刺激な美白ゲル。グリチルリチン酸ジカリウムを配合した「アクネショットゲル」は、繰り返しできるニキビ肌に、パッチ感覚で潤いと有効成分を閉じ込めます。

　自分と向き合う毎日のスキンケアを通じて、ストレスによる心と肌の疲労をオフすることを提案している「メディプラス」。今回は製薬会社との共同開発により、一歩進んだ効果を備えたオールインワンゲルが誕生。右：植物オイルやセラミド、リピジュアといった保湿成分も贅沢に配合し、こっくりとなめらかな感触。スキンエイドゲル[医薬部外品] 75g ¥6300　中：外的ダメージから肌を守ることで未来のシミを予防する、敏感肌向けの美白ゲル。ホワイトリセットゲル[医薬部外品] 180g ¥7200　左：低刺激なゲルでアクネパッチのように肌を包む。オイルフリータイプ。アクネショットゲル[医薬部外品] 180g 価格未定（2020年冬発売予定）／すべてメディプラス

5
SEKKEN-OFF
BRANDS

石けんオフメイク
5大ブランドの「今」

毎シーズン、トレンドを意識した魅力的な色や質感の
石けんオフコスメを発表している5大ブランド。
石けんオフメイク研究会の初期メンバーである女優の
安達祐実と、今作よりメンバーに加わった女優の中村ゆり・
歌手の鈴木愛理が、その魅力を表現します。

MiMC / AQUA·AQUA / VINTORTÉ /
ETVOS / ONLY MINERALS

MiMC

×

安達祐実

ベリーカラーの唇がみずみずしいフレッシュメイク

「MiMC」らしいベリーローズのリップをポイントにしたメイク。目元にピンク×ブラウンでソフトな陰影を作ると、同系色のリンク感で鮮やかなリップも溶け込むようになじみます。エレガントでありながらもみずみずしくフレッシュなのは、ミネラルコスメの軽やかなツヤと色づきのおかげ。

▶ **メイク解説は P.30**

MiMC

×

安達祐実

透明感がどこまでも引き立つコントゥアリングメイク

ツヤ肌にブラウンのアイシャドウで彫りを作り、ベージュのシェーディングチークで輪郭を引き締めて。コントゥアリング（陰影強調）によって立体感はもちろん、顔の中心部の透明感が際立つのは、素肌を生かすミネラルメイクならでは。モスグリーンのマスカラも透明感に一役買います。

▶ メイク解説は P.30

KEY ITEMS

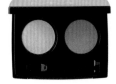

AQUA·AQUA

鈴木愛理

ブラウンリップが宿す、大人フェミニンなムード

キュートなイメージが強かった「アクア・アクア」から、2020年秋、リッチな発色とパール感のルージュが誕生。メタリックなブラウンレッドをまとうだけで、優しさと芯の強さがあふれ出します。目元とチークはほんのり温かみのあるベージュでまとめて、包容力ある大人のムードに。

KEY ITEMS

▶ **メイク解説は P.30**

VINTORTÉ

✕

安達祐実

ヌーディカラーで、湿度のあるリッチな肌が主役

「ヴァントルテ」のメイクアイテムにはすべて、しっとりと潤いを含んだシルクを配合。ゆらぎやすい肌にも負担をかけることなくなじみ、みずみずしくフェミニンなツヤを引き出します。ポイントメイクはくすみピンクや血色コーラルでまとめて、大人の余裕あふれるやわらかい表情に。

▶ **メイク解説は P.32**

KEY ITEMS

ETVOS

×

中村ゆり

センシュアルなテラコッタのワントーンメイク

辛口なテラコッタカラーのワントーンメイクも、肌なじみのいい「エトヴォス」のアイテムなら強くなり過ぎず、知的な中にほのかな女らしさも感じるセンシュアルな仕上がりに。思い切って太めに描いた眉、下地やハイライトで潤いを引き出したツヤ肌が、さらにリッチ感を添えます。

▶ メイク解説は P.32

ONLY MINERALS

安達祐実

ミネラルの常識を超えた BB クリームで、絶品美肌

ミネラルのベースメイクはカバー力がもの足りない……という方も、「オンリーミネラル」のハイカバー＆高密着な BB クリームなら、きっと大満足。なめらかな美肌を引き立てる血色カラーのみずみずしいポイントメイクで、しっとりフェミニンな雰囲気を楽しんで。

▶ メイク解説は P.32

KEY ITEMS

Makeup Data

5大ブランド、6つのメイクに使用したアイテムとテクニックを解説。こんなに色鮮やかなメイクが石けんで一度に落とせるなんて、技術は進化しています。

MiMC ✕ 安達祐実

BASE

クリームファンデーションで潤いあふれる肌に

スポンジで顔全体に薄くなじませる。内側からにじみ出るような潤い感がフレッシュな仕上がりをサポート。ミネラルクリーミーファンデーションSPF20・PA++ 全6色10g レフィル¥5500、ケース¥1000／MiMC

EYE

優しいピンクと輝きでソフトな陰影を表現

パレットアイシャドウのピンクをアイホール全体と目尻をややはみ出すように入れ、下まぶた全体にも細く。ブラウンを下まぶたの目尻側1/3に重ねる。シャンパンベージュのシングルアイシャドウを目頭のくぼみに入れ、骨格に陰影をつけてピンクの甘さを引き締める。黒マスカラを上下にたっぷりと。左：ビオモイスチュアシャドー28 ¥3800　中：ミネラルスムースシャドー06 ¥250C　右：ミネラルロングアイラッシュ01 ¥3800／すべてMiMC

MiMC ✕ 安達祐実

BASE

リキッドファンデーションでみずみずしいツヤ肌に

プッシュボタンを押して適量をとり、スポンジで顔全体に薄く。ツヤと透明感で立体感を演出。ミネラルリキッドリーファンデーションSPF22・PA++ 全5色13g レフィル¥5500、ケース¥1000／MiMC

EYE

ベージュ✕ブラウンで彫りを作り、マスカラで透明感を

アイシャドウのベージュをアイホール全体と下まぶたの涙袋に入れる。ブラウンを二重幅に入れ、目頭側はやや幅広くして求心的な立体感を作る。下まぶたの目尻側1/3にもブラウンを。モスグリーンのマスカラを上下まつげにたっぷりと塗り、軽やかに引き締める。左：ビオモイスチュアシャドー26 ¥3800　右：ミネラルロングアイラッシュ04 ¥3800／ともにMiMC

AQUA·AQUA ✕ 鈴木愛理

BASE

クッションファンデーションでピュア肌に

自然なツヤ肌を作るクッションでナチュラルに仕上げ、ポイントメイクとのバランス調整を。アクア・アクアオーガニッククッションコンパクトSPF35・PA+++ 全4色9g リフィル¥2800、ケース¥850／RED

EYE

ベージュシャドウでまぶたの陰影を強調

アイシャドウは淡いベージュをアイホールに、濃いベージュを二重の幅に。ブラウンのペンシルアイライナーで上まつげのキワに目尻長めのラインを描き、下まぶたの目頭側にも細くラインを描いて、ぼかす。黒マスカラを下まつげだけにつけて、あえてカールさせない上まつげの影が落ちるアンニュイな目元に。左：アクア・アクア オーガニックデュオシャドー01 ¥2000　中：アクア・アクア オーガニックアイペンシル02 ¥1600　右：アクア・アクア オーガニックロングマスカラ01 ¥2500／すべてRED

CHEEK

ローズピンクの
クリームチークで
繊細な輝きを

繊細なゴールドラメが仕込まれたローズピンクのチークを、頬の内側から外側に向けて滴形に。2020年秋に初登場した、目元や口元などマルチに使えるスティック。ミネラルスティックチーク 01 ¥3800 ／ MiMC

LIP

鮮やかに色づく
ベリーローズの
唇が主役

唇全体を塗りつぶし、軽くティッシュオフすると色が定着。マットな質感でカップやマスクに移りにくいのが魅力。落とすときは洗顔の前にオイルなどで浮かせると◎。ミネラルクレヨンリップ 04 ¥3300 ／ MiMC

CHEEK

コーラルベージュのチーク
をシェーディング使い

ふんわりコーラルベージュのパウダーチーク。あごのかみ合わせを起点に頬に向けてブラシでぼかし、こめかみにも入れる。輪郭が引き締まり、さりげない血色感も。ビオモイスチュアチーク 03 ¥3800 ／ MiMC

LIP

ツヤブロンズ
リップで
唇ふっくら

ツヤと発色を兼ね備えた、ブロンズカラーのリキッドルージュを唇全体に。ふっくらとしたボリューム感が出ながら、ブロンズの色効果で引き締まった印象に。ミネラルリキッドルージュ 04 ¥3200 ／ MiMC

CHEEK

ベージュピンクのクリ
ームチークで立体感を

引き締め効果のあるベージュピンクのクリームチークを指にとる。あごのかみ合わせ〜フェイスラインとこめかみに入れて、シャープな骨格に。アクア・アクア オーガニッククリームチーク 02 ¥2000 ／ RFD

LIP

メタリックな
ブラウンレッドの
ルージュが主役

ブラウンレッドの口紅を、スティックから直接塗る。オーガニックオイルが溶け出すような、なめらかなつけ心地。アクア・アクア オーガニックリッチカラールージュ 02 ¥2800 ／ RFD（2020年9月14日発売）

VINTORTÉ ✕ 安達祐実

BASE

CC クリームとハイライトで
みずみずしく潤ったツヤ肌に

CC クリームを顔全体に塗り、T ゾーンとフェイスラインにパウダーをパフで少量なじませる。ハイライトを頬骨の上や目頭の間、鼻先、あご先に。ハイライトのツヤとパウダーのマットな質感のコントラストで、自然な立体感が出る。左：自然なカバー力とツヤ。ミネラル CC クリーム SPF50+・PA++++ 30g ￥3400　中：テカリを抑え、肌を守る。ミネラル UV パウダー SPF50+・PA++++ 5g ￥3200、パフ￥500　右：しっとりしたソリッドタイプ。ミネラルグロウハイライト ピーチゴールド ￥2800／すべてヴァントルテ

EYE

ピンク～ローズの目元で
表情にやわらかさを

アイホール全体と下まぶたの目尻側 2/3 に左下のピンクベージュ、二重幅に右上のくすみローズ、眉下に左上のピンクハイライトを。ミネラルシルクアイズパレット ダスティーローズ ￥3600／ヴァントルテ

ETVOS ✕ 中村ゆり

BASE

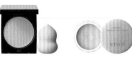

下地とハイライトで
潤い感あふれるツヤを

潤いたっぷりの下地でツヤを仕込み、クリームファンデーションを顔の中心部にパフで薄くなじませて。ハイライトバームは指にとり、頬の高い部分～目尻の C ゾーンと鼻のつけ根、鼻先になじませる。左：ミネラルインナートリートメントベース SPF31・PA+++ 全1色 25mL ￥4500（2020年9月16日発売）　中：クリーミィタップミネラルファンデーション SPF42・PA+++ 全3色 7g ￥5600（ケース・パフ込み）　右：ミネラルラディアントスキンバーム 4.8g ￥4000（2020年9月16日発売）／すべてエトヴォス

EYE&CHEEK

アイシャドウとチークは
ひとつのカラーパウダーで

アイホール全体と下まぶたのキワに、テラコッタオレンジのマルチカラーパウダーを指で塗る。チークブラシにとって頬全体にもなじませる。ミネラルマルチパウダー ヘルシーオレンジ ￥2300／エトヴォス

ONLY MINERALS ✕ 安達祐実

BASE

ひと塗りで美肌に仕上がる
ハイカバー BB にツヤをプラス

BB クリームを顔全体に塗り、頬の高い部分にハイライトパウダーでツヤをプラス。上品な肌が完成。左：ミネラルパウダーを多く配合し、カバー力と密着感を実現。オンリーミネラル ミネラルエッセンス BB クリーム ウルトラ SPF25・PA++ 全3色 30g ￥4300（2020年9月5日発売）　右：顔じゅうどこにでも使える。オンリーミネラル ミネラルブルーミングカラー 04 ￥3200／ともにヤーマン

EYE&CHEEK

ブラウンレッドの
ピグメントで血色メイク

アイホールには左のハイライトパウダーを塗ったあと、ブラウンレッドのピグメントを二重幅と黒目の上に。チークも同じブラウンレッドで。オンリーミネラル ミネラルピグメント スターアニス ￥1800／ヤーマン

CHEEK

艶やかなコーラルチークで
ヘルシーな血色をプラス

目元を甘く仕上げたので、チークは
明るいコーラルでヘルシーに。クリー
ムチークはベースメイクのツヤを引
き立てる。ミネラルシルククリーミィ
チーク＆ルージュ サンセットコーラ
ル ¥2800 ／ヴァントルテ

LIP

肌になじむテラ
コッタルージュで
バランス調整

チークと同様に、目元の甘さとバラ
ンスをとるテラコッタカラーのルー
ジュをセレクト。スティックでたっ
ぷり塗れば、唇のボリューム感を演
出。ミネラルルージュ ハニーテラコッ
タ ¥2800 ／ヴァントルテ

LIP

みずみずしい
テラコッタの唇で
センシュアルに

テラコッタカラーの美容液ルージュ
を付属のチップでたっぷり塗り、上
下の唇を合わせてなじませる。深く
色鮮やかに発色。ミネラルリップブ
ランパー ディープ ハニーテラコッタ
¥3000 ／エトヴォス

眉は山を作らず太めに描き、テラコッ
タのワントーンで作った顔を引き締
める。仕上げにココアブラウンのア
イブロウマスカラで抜け感を。ミネ
ラルカラーリングアイブロウ ココア
ブラウン ¥2500 ／エトヴォス

LIP

ブラウンレッドの
大人気リップ
美容液をたっぷり

ミネラルと天然由来成分100％で
しっとり色づくリップ美容液を、スパ
チュラで唇にオン。ラメがみずみず
しくきらめいて、肌をきれいに見せる
効果も。オンリーミネラル ミネラル
カラーセラム 07 ¥2500 ／ヤーマン

まぶたに締め色を使わないので、黒
マスカラを上まつげの根元からたっ
ぷりつけて。下まつげにも軽く。ク
ノイ配合でカールした仕上がりに。
オンリーミネラル ミネラルマルチマ
スカラ 01 ¥2700 ／ヤーマン

Talk with
Yumi Adachi

___

肌が変わると、
人はこんなに
幸せになれるんですね

スキンケアを頑張る
ようになってから、肌が
本当に変わりました

会員 No.1 **安達祐実**

石けんオフメイク研究会・会員1号である、
女優の安達祐実。
2017年に初めて「石けんオフメイク」シリーズ書籍の
モデルを務めてから今に至るまでの、
美容との向き合い方の変化を聞きました。

—— 今回の撮影で、安達さん、肌の
輝きが増していると感じました。

ありがとうございます！　すごくうれしいで
す。実は、この1年はスキンケアをすごく頑張っ
ていたんです。雑誌に美容モデルとして出演
させていただくことが増えたので、自分の中

読者の方たちと
みんなで一緒に、自分の
肌を楽しみたいです

で、肌への意識が高まりました。以前は乾燥していることにも気づかないぐらい無頓着だったので……。今は、撮影現場で知った新作のスキンケアを試したり、おかげさまでコスメの知識も増えましたね（笑）。

—— 素晴らしい！　お手入れのやり方は
　　どんなふうに変わりましたか？

お風呂上がり、一刻も早くスキンケアをしないと気が済まないようになりました。それと、以前は同じスキンケアコスメをずっと使い続けていたのですが、今は研究会のメンバーに教えてもらったコスメや、自分で探して気に入ったものなど何種類か常備して、肌の調子や気分に合わせて使い分けています。乾燥するけれどＴゾーンがテカったり、たまにニキビができたりするので、部分使いしたり。肌ってスキンケアで本当に変わりますね。お手入れすればするほど、どんどん自分の肌を好きになれる。肌が変わると、人はこんなに幸せになれるんだなと実感しています。

—— すごく励みになるお話ですね。
　　石けんオフメイクは継続中？

メイクは相変わらず大好きなので、石けんオフメイクも普通のメイクも、いろいろトライしています。ひとつ以前と異なるのは、肌が安定したので石けんオフメイクに〝頼る〟感じではなく、純粋に楽しめるようになったこと。いいツヤの出るクリームタイプのものが増えたり、ますますパワーアップしていますよね。スキンケアで素肌を磨いて、おしゃれな石けんオフメイクを楽しめたら最高。読者の方たちとみんなで一緒に、自分の肌を楽しんでいこう！　という気持ちが、今回の撮影を通して、ますます湧いてきています。

profile

あだち・ゆみ／1981年、東京都出身。2歳でモデルデビュー、その後子役として一躍有名になる。現在は女優として映画、TVドラマ、舞台で幅広く活動する傍ら、美容モデルとしても支持を集め、雑誌の表紙にたびたび登場。

SEKKEN-OFF MAKEUP Q&A

石けんオフメイクのお悩み、すべて解決！

石けんオフコスメのことも、メイクのテクニックのことも。
公式 Instagram に寄せられるたくさんの疑問やお悩みを、
ヘア＆メイクアップアーティストのふたりが解決します。

答えた人

会員 No.3
AYA
ヘア＆メイクアップ
アーティスト

Profile
あや／1978年、東京都出身。
女性誌や広告撮影、女優やタ
レントのヘア＆メイクとして
活動。LA DONNA 所属。

会員 No.9
岡田知子
ヘア＆メイクアップ
アーティスト

Profile
おかだ・ともこ／1978年、広島
県出身。大学卒業後、渡米して
メイクの研鑽を積み、2006年
より日本で活動。TRON所属。

Q1
いつも同じ色ばかり使ってしまう……。
変化をつけるとしたら？

**キラキラやメタリックな
質感にトライしてみて**

いつもと同じナチュラルカラーのメイクでも、ラメ入りや
メタリックなどの質感になるだけでカッコよく、モードな
印象に。ハイライトをプラスするのもおすすめです。

A たっぷりラメ入りテラコッタベージュのウォータリーアイシャドウ。まぶたを
引き締めつつ華やかさをプラス。アイホールに。フジコ シェイクシャドウ 05
¥1280／かならぼ　B 淡いピンクがメタリックな質感でモードに変身。アイ
ホールの目頭側に重ねて。下まぶたの目頭側にも。ミネラルクリーミーシャドー
01 ¥3200／MiMC　C ブロンズカラーのハイライト。頬に幅広く入れるとチー
クなしでも顔が引き締まる。唇の山と中央にも。ミネラルグロウハイライト ミ
スティブロンズ ¥2800／ヴァントルテ　※リップはQ3のアイテムを使用。

Trend makeup　**トレンドメイク**　by 岡田知子

Q2
おしゃれに見せる
おすすめアイテムは？

**イエローをメイクにプラスすると
とたんに今っぽく**

肌になじみつつ色のニュアンスをプラスして変化をつけて
くれる、イエローを取り入れてみて。いつものメイクのど
こか1カ所に取り入れるだけでも抜け感が出ます。

A ビビッドなイエローのリキッ
ドアイライナー。目尻に入れる
とかわいい。アイオープニング
ライナー イエロー ¥1500／
UZU（ウズ バイ フローフシ）
B パール感たっぷりのイエロー
アイシャドウ。ミネラルスムース
シャドー 04 ¥2500／MiMC
C 唇の色を生かしつつ明るさを
添えるイエローグロス。口紅に
重ねればニュアンスチェンジ
に。オンリーミネラル ミネラ
ルカラーセラム S01 ¥2500
／ヤーマン

A　　　B　　　C

Q3
濃い色のリップが流行っていますが、
初心者はどんなふうにつけたらいい？

**スティックでポンポン塗りして
ちょうどいいところでストップ**

口紅を唇にポンポンと押しあててスタンプのように色づ
け、ほどよいところでストップすると、唇がじんわり染
まったような仕上がりに。あえて輪郭もとりません。

唇に垂直に何度も押しあ
てると、うっすら色づく。
仕上げに上下の唇をこす
り合わせて。

艶やかなブラウンレッド。
ポンポン塗りの仕上がり
イメージは左と上のモデ
ル写真をチェック。オン
リーミネラル ミネラル
ルージュ N ブリックレッ
ド ¥3000／ヤーマン

Eye makeup アイメイク by AYA

Q 4

ベージュ以外のアイシャドウに
トライしたい！　おすすめは？

A

肌なじみ重視ならオレンジ、
透明感重視ならブルーがおすすめ

オレンジは肌になじみつつ華やかさや明るさを添え、くすみを払ってくれます。ブルーは、苦手意識のある方でもライン状に使うと取り入れやすく、目元に透明感が宿ります。

洒落た印象をまとえる 〝オレンジ〟 *Orange*

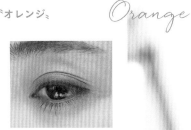

オレンジシャドウをブラシでアイホールと下まぶたのキワに入れ、目頭のくぼみにも入れる。

二重の幅に赤みブラウンを重ねた仕上がり。ベージュとは異なるオレンジの華やかさが◎。

マスカラとアイライナーはブラウンで抜け感を出して。**A**左のオレンジをアイホールと下まぶたに、右の赤みオレンジを二重幅に。ビオモイスチュアシャドー27 ¥3800／MiMC　**B**上まつげのキワに。ミネラルスムースリキッドアイライナー ナチュラルブラウン ¥2700／エトヴォス　**C**下まつげに。モテマスカラ ブラウン ¥1800／UZU（ウズ バイ フローフシ）

A　B　C

目元に透明感を添える 〝ブルー〟 *Blue*

ブルーのリキッドアイシャドウをチップで二重の幅に入れる。広げず細く入れるのがポイント。

コッパーベージュのアイシャドウをチップでアイホールに。ブルーとの境目にも少し重ねる。

締め色を使わない分、たっぷりの黒マスカラで引き締める。**A**メタリックブルーのリキッドアイシャドウ。ミネラルリキッドリーシャドー04 ¥3300／MiMC　**B**右下のコッパーベージュをアイホールに。ミネラルクラッシィシャドー マンダリンブラウン ¥4000／エトヴォス　**C**ツヤが出る。マイファンスィー ロングラッシュ トリートメント マスカラ01 ¥3600／KohGenDo

A　B　C

Q5

ペンシルアイライナーはにじみやすい……。
もちをよくするには？

石けんオフにこだわるなら、
リキッドアイライナーがベストです

植物性のワックスとミネラルを固めた石けんオフのペンシルアイライナーは、どうしてもにじみやすいもの。アイシャドウを重ねれば多少もちはよくなりますが、お湯で落ちるフィルムタイプのリキッドアイライナーが安心です。

お湯でほぐれて落ちる水溶性ポリマーを使用したリキッドアイライナー。色も豊富。
A ミネラルスムースリキッドアイライナー ナチュラルブラック ¥2700／エトヴォス B キャンメイク クイックイージーアイライナー 02 ¥500／井田ラボラトリーズ C アイオープニングライナー ネイビー ¥1500／UZU（ウズ バイ フローフシ）

Q6

マスカラがダマになったり
まぶたについたり。
どうしたら上手につけられる？

ブラシが細いマスカラを選び、
ティッシュオフしてからつけて

まつげの生え際を塗るときは、マスカラがまぶたにつきがち。ブラシが細いマスカラを選ぶだけで、ぐんと塗りやすくなります。余分な液を拭いてから塗ればダマも防げます。

ブラシが細く、小さい目や奥二重の方にもおすすめ。A ふんわり軽く、カールアップ効果が続く。フェザーラッシュマスカラ BK01 ¥3000／アユーラ B 奥二重や一重でも使いやすい超極細ブラシ。キャンメイク ラッシュフレームマスカラ 01 ¥650／井田ラボラトリーズ

A　　　B

1

マスカラをつける前、ティッシュの上でブラシを軽く転がして表面にたまった液をオフ。

2

ブラシをまつげの根元にあて、左右に細かくジグザグさせてスッと抜くと、きれいにつく。

Q7

アイメイクが
ヨレちゃった！
上手な直し方は？

ぬらした綿棒でオフして
ブラシで重ねるときれいに

石けんオフコスメはぬらした綿棒で軽く拭くだけで簡単にリセットできます。拭き取った後にアイシャドウを重ねればきれいが復活。

綿棒をポーチに入れて携帯。日中、水でぬらした綿棒でメイクがヨレた部分を拭って落とす。

1

アイシャドウを付属のブラシにとり、オフした部分に重ねる。ブラシだと重ねてもなじみやすい。

2

Q 8 / A

クリームチークって、
どのタイミングで
つければいいの？

ファンデーションの
形状を問わず、
ベースメイクの後に

クリームといっても、塗った後に密着し
てすぐサラサラになるものがほとんどな
ので、パウダーファンデーションやフェ
イスパウダーの後につけてもヨレません。
自然なツヤが出るのでぜひ試して。

マンゴーバターやアルガンオイル
などにミネラルパウダーを練り込
んだクリームチーク。ミネラルクリ
ーミーチーク07 ¥3300／MiMC

1 クリームチークを指の腹にと
る。頬のニコッと笑って高くなる
部分に、スタンプのように塗る。

2 色をのせながら指でぼかすと、
じんわりにじんだような血色に。
ツヤが出るので立体感も。

Q9

自分に似合うチークの色が
わからない……。おすすめは？

誰にでも似合うのはオレンジ。
濃いリップに合わせるならベージュ

チーク迷子におすすめしたいのはオレンジ系。甘過ぎず自然な血色感が出て、どんなポイントメイクにもなじみます。リップの色が強いときはベージュがおすすめです。

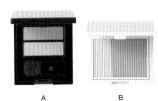

いきいきとヘルシーな表情に。**A** オレンジ（上）とコーラル（下）のセット。マイファンシー ミネラル チーク パレット 02 ¥4000 ／ Koh Gen Do **B** ミルキー な オレンジ（右）とハイライト（左）。ミネラルシルクチークカラー シフォンコーラル ¥3300 ／ヴァントルテ

A　　B

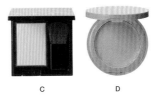

見た目より血色感が出て使いやすいのがベージュチークの特徴。ぜひトライ。**C** ミネラルスムースチーク 03 ¥4000 ／ MiMC **D** クリームタイプ。オンリーミネラル N by ONLY MINERALS ミネラルソリッドチーク コンプリート 04 ¥3200 ／ヤーマン（2020年9月5日発売）

C　　D

Q10

パウダーチークをムラなく
上手につけるコツは？

毛がやわらかく良質なブラシを
使うことが何よりのコツです

ブラシが小さかったり毛が硬かったりすると、チークはムラについてしまいます。おすすめは、先の丸い平筆タイプで毛がやわらかいブラシ。付属のブラシは外出用と考えましょう。

ブラシは使用後ティッシュで汚れを落とし、月に1～2回、専用クリーナーで汚れを落として。**A** 肌あたりがソフトな合成繊維のPBTを使用。チークブラシ ¥3000 ／ Koh Gen Do **B** 高級山羊毛を使用し、職人が手作業で作り上げたブラシ。熊野筆チークブラシ ¥3800 ／ヴァントルテ

A　　B

Q11

口紅がマスクにつくのを
防ぐには、どうしたら？

ペンシルタイプのリップを
薄くつけるのがおすすめ

唇にぴたっと密着し、落ちにくいのがペンシルリップの魅力。淡い色をたっぷり塗るより、濃い色を薄く丁寧に塗るほうが色移りしにくく、マスクをはずしても美人印象を保てます。

繰り出し式で使い勝手がいいペンシルリップ。しっとりして縦ジワが目立ちにくい。ミネラルクレヨンルージュ ベロアレッド ¥3000 ／エトヴォス

ペンシルで直接、唇の内側に色をのせる。輪郭には直接塗らず、ぼかして広げるのがコツ。

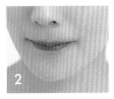

上下の唇を何度か合わせ、塗った色を唇全体に薄く広げる。縦ジワの中にも色が入る。

さらに指の腹でトントンと押さえて色をなじませ、輪郭をなぞるようにしてぼかす。

Q 12
A

午後には眉尻が消えてしまう。
もちをよくするには？

グレーのリキッド
アイライナーで毛を描いて

皮脂や汗で消えやすい眉尻。おすすめの方法は、パウダーで
眉を描いた後、本物の毛となじむグレーのリキッドアイライ
ナーで眉尻に細い線を描くこと。日中のくずれも防ぎます。

1 アイブロウパウダーを付属のブラシにとり、まずは好みの太さと形の眉を描く。

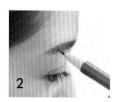

2 グレーのリキッドアイライナーを皮膚に垂直にあて、眉尻や足りない部分を1本1本描き足す。

A ブラウン（左）とベージュ（右）のセット。混ぜて使ったり、ベージュはノーズシャドウにも。マイファンスィーパウダー アイブロウ 01 ¥3500／Koh Gen Do　**B** 黒より肌になじむグレーが◎。アイオープニングライナー グレー ¥1500／UZU（ウズ バイ フローフシ）

A　　　B

Eyebrow makeup　眉メイク　by AYA

Q 13
A

自眉が薄いのが悩み……。
太く描くにはどうしたら？

パウダーファンデーションで
下地を作り、パウダーで太さを

眉を描く前に、眉毛の内側までしっかりパウダー
ファンデーションを塗り込んでおきます。こうする
と色が密着しやすくなり、アイブロウパウダーで太
さを足すことが可能。下側に太くすると自然です。

1 パウダーファンデーションをアイシャドウブラシにとり、眉毛の中に埋め込むように塗る。

2 太さを足すにはアイブロウパウダーが活躍。下側に幅を出す。その後ペンシルで毛を描いて。

Q 14
A

眉アイテムは、髪の色に合わせて選ぶべき？

もっと自由に、なりたい
印象に合わせて選んで OK

最近は石けんオフアイブロウコスメのカラーバリエーショ
ンが広がっています。赤みブラウンならフェミニンに、カー
キブラウンは抜け感が出て、グレーは知的な印象に。

さまざまな色の眉アイテム。**A** ベーシックなブラウンの濃淡。ミネラルプレストアイブローデュオ 01 ¥4000／MiMC　**B** まつげにも眉にも使える、モーヴブラウンのマルチマスカラ。オンリーミネラル ミネラルマルチマスカラ 02 ¥2700／ヤーマン　**C** カーキのペンシル＆パウダーアイブロウ。ミネラルデザイニングアイブロウ アッシュブラウン ¥3500／エトヴォス　**D** グレー（右）で毛が足りないところを埋め、ベージュ（左）で眉全体にボリューム感を。オンリーミネラル N by ONLY MINERALS ミネラルスキャンブロウ ¥3500／ヤーマン（2020年9月5日発売）

A　　　B　　　C　　　D

Q15

プチプラの
石けんオフアイテムが知りたい！

探せばたくさん。プチプラだけでも
遜色ないメイクができます

フィルムタイプのアイライナーやマスカラにはプチプラもの
が多く、他にも探してみると気軽に購入できるものが見つか
ります。マルチカラーを取り入れるのも賢い方法です。

Q16

休日、ちょっと出かけるときの
カジュアルなメイクを教えて。

マルチカラーの1アイテムで
シンプルな血色メイクを

ミネラルパウダーをオイルで固めた、顔中どこ
にでも使えるマルチカラーを持っていると便
利。コーラルや赤みベージュなら目元、頰、唇
に使えます。唇はリップクリームに指で重ねて。

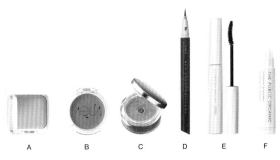

A　B　C　D　E　F

A 90%以上のミネラルと美容成分に洗顔料で落とせる少量のポリマーを配合し、カ
バー力となめらかな仕上がりを実現。セザンヌ エッセンス BB パクト 全2色 9g
¥780／セザンヌ化粧品　B チークにもリップにも使える。アクア・アクア オーガ
ニッククリームチーク 01 ¥2000／RED　C アイメイクにも眉にも使える。オン
リーミネラル ミネラルピグメント スパイス ¥1800／ヤーマン　D アイオープニン
グライナー ブラウン ¥1500／UZU（ウズ バイ フローフシ）　E ツヤが出る。イルミ
ラッシュマスカラ ブラック ¥1300／オルビス　F リップクリームでありながら、マ
ルチバームとしてハイライトにも。B をリップに塗った後に重ねてツヤ出し。ザ パ
ブリック オーガニック 精油リップスティック スーパーリフレッシュ ¥555／カラーズ

A　B

A 下のポイントメイクはこれひとつで仕上げたもの。コーラル
オレンジに透明感の出るブルーを組み合わせたマーブルカラー。
オンリーミネラル ミネラルブルーミングカラー 02 ¥3200／
ヤーマン　B これもおすすめ。セミマットな赤みベージュ。ミ
ネラルマルチパウダー リネンベージュ ¥2300／エトヴォス

Color catalog

アイシャドウ＆リップ 人気カラー別カタログ

「○○色のアイシャドウやリップの、石けんで落ちるものが一度に見たい」
というたくさんの声にお応えして、カラー別に仕分けしたカタログを作り、
特徴や発色などの情報をまとめました。アイテム購入の参考になればうれしいです。

Orange

**肌にすっとなじんで
明るい表情を生み出す
オレンジアイシャドウ**

まぶたにほどよい色感をプラスする
オレンジは、顔がくすまず、かつ派
手に見えることもなく、使いやすさ
抜群！ カラーアイシャドウが初め
ての方にもおすすめしたい色。

A MiMC
ビオモイスチュアシャドー 27
ツヤのある淡いオレンジ（左）と赤みのある
マットオレンジ（右）のセット。P.38のオレ
ンジアイメイクに使用。¥3800／MiMC

B オンリーミネラル
ミネラルブルーミングカラー 03
顔中どこにでも使えるマルチカラー。混ぜて
使うと艶やかなコーラルオレンジに。香る
ローズパウダー入り。¥3200／ヤーマン

C オンリーミネラル
**N by ONLY MINERALS
ミネラルピグメント 02**
見る角度によってオーロラピンクの輝きを放
つ、偏光オレンジのマルチカラーパウダー。
頬や唇にも使える。¥2300／ヤーマン

D フジコ
シェイクシャドウ 08
振って使うウォーターベースのアイシャドウ。
大粒ラメ配合と透明感のあるオレンジがまぶ
たにぴたっとフィット。¥1280／かならぼ

E エトヴォス
**ミネラルアイバーム
シナモンオレンジ**
目元用の美容クリームに、艶やかなオレンジ
のミネラルパウダーをブレンドしたアイシャ
ドウ。目元下地にも。¥2500／エトヴォス

F アクア・アクア
オーガニックデュオシャドー 05
大粒パール入りのベージュ（左）と繊細なツ
ヤのブライトオレンジ（右）の使いやすいセッ
ト。みずみずしい目元に。¥2000／RED

Beige & Brown

やわらかな立体感を添える
ベージュ＆ブラウンの
アイシャドウ

ミネラルと天然由来成分でできた石
けんオフのアイシャドウは、ブラウ
ンでも強くなり過ぎず、肌にしっと
りなじむのが特徴。ベージュはさま
ざまなトーンがそろいます。

A アムリターラ
**シンフォニック ローズ
アイ カラー ブライトコーラル**

ライトベージュ（左）、コーラルベージュ（中）、
ブラウン（右）のセット。どれも上品なツヤが
ある。¥3600／アムリターラ

B フジコ
シェイクシャドウ 03

フレンチピンクという名前の優しげなベー
ジュピンク。水分が肌になじむとカラーが密着
するウォーターシャドウ。¥1280／かならぼ

C エトヴォス
**ミネラルクラッシィシャドー
ロイヤルブラウン**

ダークブラウン〜ライトベージュの4色グラ
デーション。ほんのり赤みがかっているので、
くすまずきれいに発色。¥4000／エトヴォス

D MiMC
ミネラルスムースシャドウ 02

甘く優しいコーラルベージュにパールがたっ
ぷり入り、ぬれたようにきらめくまぶたに。
しっとり心地いい肌触り。¥2500／MiMC

E 24h cosme
24 ミネラルクリームシャドウ 01

ダークブラウンのクリームシャドウ。石けんオ
フコスメでは貴重な色の深さで、ブラシで入
れればライナーにも。¥1800／24h cosme

F MiMC
ビオモイスチュアシャドウ 06

ライトベージュ（左）とライトブラウン（右）
の使いやすいセット。引き締め過ぎず軽いブ
ラウンを探している方に。¥3800／MiMC

Pink

**優しさと甘さが人気。
なじみピンクの
アイシャドウ**

ピンク系のアイシャドウの中でも、
くすみピンクだったりブラウンとの
コンビだったりしてはれぼったく見
えないものをピックアップ。目元に
優しい甘さをプラスしてくれます。

**A Koh Gen Do
マイファンスィー ミネラル
アイシャドー パレット 02**

アイボリー（左上）、ピンク（右上）、チャコー
ルグレー（右下）、モーヴ（左下）のセット。
繊細なツヤ。¥4700／Koh Gen Do

**B MiMC
ビオモイスチュアシャドー 24**

ビビッドなピンク（左）と小豆色のようなブラ
ウン（右）という甘いセット。ピンクは下まぶ
たに入れてもかわいい。¥3800／MiMC

**C ヴァントルテ
ミネラルシルクアイズパレット
サクラブラウン**

ホワイト（左上）、ブラウン（右上）、ライトピ
ンク（右下）、ピンクベージュ（左下）。穏や
かな発色。¥3600／ヴァントルテ

**D アクア・アクア
オーガニックデュオシャドー 06**

明るいライトピンク（左）と、引き締め効果の
あるモーヴピンク（右）の組み合わせは、大
人っぽくて使いやすい。¥2000／RED

**E エトヴォス
ミネラルマルチパウダー
トープピンク**

顔中どこにでも使える、マットなベージュピ
ンクのパウダー。シンプル処方でゆらぎ肌に
も負担をかけない。¥2300／エトヴォス

**F MiMC
ミネラルスムースシャドー 01**

ピンクを辛口に仕上げる、キラキラのメタリッ
クピンク。痩せたまぶたにも存在感とハリが
出るので大人におすすめ。¥2500／MiMC

A MiMC
ミネラルリキッドルージュ 01

口紅の発色とグロスのツヤを兼ね備えたリキッドルージュ。ほんのり甘さのあるコーラルベージュ。¥3200／MiMC

B ヴァントルテ
ミネラルルージュ アプリコットベージュ

みずみずしく、見た目よりシアーに色づくコーラルベージュ。ベタつかずつけ心地も軽い。¥2800／ヴァントルテ

C ムー
リップ＋チーク クリームティント 01

コーラルとトマトオレンジが容器の中で混ざり、赤みのあるコーラルに。唇と頬に使える。¥3500／ハーブラボ

D オンリーミネラル
ミネラルカラーセラム 11

ほんのり赤みがかったチャイベージュ。ラメ入りで唇がふっくら。¥2500／ヤーマン（2020年9月5日発売）

Coral & Beige

**シーンを問わず出番が多い
コーラル＆ベージュのリップ**

肌なじみのいいコーラルやベージュのリップは、どんなメイクや服にも合わせやすく、活躍度も人気も No.1。見た目通りにしっかり発色して血色感をプラスしてくれるものが使いやすい。

E エトヴォス
**ミネラルリッププランパー
シアー キャンディオレンジ**

リップ美容液感覚で使えるシアーなコーラルグロス。唇をほんのり血色よく見せてくれる。¥3000／エトヴォス

F アルジェラン
カラーリップスティック アンバーローズ

唇につけるとシアーなテラコッタオレンジに。100％植物由来のカラーで繊細な色づき。¥648／マツモトキヨシ

Pink

**ミネラルと天然由来成分で
甘くなり過ぎないピンクリップ**

甘いピンクのリップは、石けんオフ
コスメならトゥーマッチになること
なく、さらっとナチュラルにつける
ことができます。グロスタイプなら
みずみずしく、口紅なら華やかに。

A アクア・アクア
オーガニックシアーグロス 02

ゴールドパールが効いた、ソフトピンクのシ
アーグロス。みずみずしくさらっとのびて、
唇をきれいに見せる。¥1850／RED

B オンリーミネラル
ミネラルカラーセラム 04

ビビッドなベリーピンクが程よく唇になじみ、
明るい表情に見せてくれるリップ美容液。精
油の香りも心地いい。¥2500／ヤーマン

C エトヴォス
ミネラルリッププランパー
ディープ ダスティピンク

おしゃれなくすみピンクのリキッドルージュ。
素の唇を生かす絶妙な透け感で、アンニュイ
な雰囲気を作る。¥3000／エトヴォス

D MiMC
ミネラルカラーリップ 06

ポップな青みピンクが色鮮やかに発色。肌を
明るく見せてくれる。唇主役のメイクをした
いときに。SPF20・PA++ ¥3500／MiMC

E 24h cosme
24 ミネラルルージュ 04

甘く優しいシアーなベージュピンク。リップ
クリームのようにみずみずしくナチュラル
で、繊細な口元に。¥2300／24h cosme

F ヴァントルテ
ミネラルルージュ
クラシックベリー

肌なじみと発色のよさを兼ね備えたベリーピ
ンク。やわらかい塗り心地で唇に密着。P.57
のメイクに使用。¥2800／ヴァントルテ

Brown

トレンドカラーもセミマットなら
試しやすい、ブラウンリップ

薄く指でぼかせばカジュアルに、しっかりつければ大人っぽい印象になるブラウンリップ。色が強い分、質感はツヤを抑えた控えめなものを選ぶと使いやすく、活用範囲が広がります。

A エトヴォス
ミネラルクレヨンルージュ
フィグブラウン

唇に密着して落ちにくいペンシルタイプ。ほんのり赤みを感じるセンシュアルなブラウンは使いやすい。¥3000／エトヴォス

B ザ パブリック オーガニック
オーガニック認証
精油カラーリップスティック
スーパーフェミニン
バーニングレッド

赤みブラウンのオーガニックカラーリップ。みずみずしくシアーなのでブラウン初心者にもおすすめ。¥648／カラーズ

C オンリーミネラル
ミネラルエアリールージュ 04

ふわっとした感触のセミマットリップ。表情が引き締まるモードなダークブラウン。¥3300／ヤーマン（2020年9月5日発売）

D オンリーミネラル
ミネラルカラーセラム 05

ゴールドラメたっぷりのシアーレッド。みずみずしい血色とぷっくり感を与え、見た目以上に使いやすい。¥2500／ヤーマン

E エトヴォス
ミネラルリッププランパー
ディープ ドレスレッド

唇を染めるように鮮やかに色づく青みの深いレッド。肌を明るく白く見せ、顔だちに正装感が出る色。¥3000／エトヴォス

F アクア・アクア
オーガニックスイーツリップ 03

カジュアルなトマトレッドは、グロスのようにシアーな色づき。黄み寄りの肌になじむ。赤リップ初心者にもおすすめ。¥1500／RED

Red

みずみずしくシアーな
カジュアルレッドリップ

赤リップは、輪郭をとってくっきり塗るよりもシアーなものをラフに塗るのが使いやすく、抜け感が出ます。みずみずしい血色感とクリアな色合いで、肌をきれいに見せてくれます。

Talk with
Yuri Nakamura

——

ミネラルコスメの
進化に驚き。
メイクが楽しくなりました

会員 **No.7** 　**中村ゆり**

「石けんオフメイク」シリーズでは本作から、
石けんオフメイク研究会のメンバーに。
ゆらぎやすかった肌が、石けんオフメイクを取り入れ、
スキンケアを頑張るようになって、
強く美しく進化中だそう！

約10年ぶりの石けん
オフメイク。その
進化に驚いています

—— 石けんオフメイクをするのは、
　　 今回が初めてですか？

ちょうど10年ぐらい前に〝つけたまま寝られ
る〟というキャッチコピーで、ミネラルファ
ンデーションが流行っていて、そのときに使っ
たことがあります。当時は質感がマットだっ
たり、透明感も出にくくて、使いこなすには
テクニックが必要だなと感じました。今回、
久しぶりに使ってみたら、明らかにクオリティ
が変わってる！　百貨店コスメとほとんど変
わらない感覚で、感動しています。

—— 研究会メンバーも進化が止まらない
　　 石けんオフコスメに驚いています。

ファンデーションにカバー力の高いリキッド
タイプがあったり、パウダータイプもみずみ
ずしいツヤと透明感が出ますね。アイシャド
ウや口紅は、発色がよくて、色が今っぽい。
ラメもしっかりキラキラだし、アイライナー
もマスカラもあって、石けんオフコスメだけ
で大満足のフルメイクをできるのがびっくり

profile

なかむら・ゆり／1982年、大阪府出身。15
歳でアイドルデビュー。21歳で女優に転身し、
映画、TVドラマ、舞台で途切れることなく活
動を続ける。30代後半でその美しさが改めて
注目され、『美的GRAND』(小学館)など女性
誌で美容モデルとして活動も。

です。そしてさらに感動したのが、石けん洗顔ですっきり、さーっと落ちること。めちゃくちゃラクでいい！　私の場合、仕事ではプロにメイクしていただくので毎日とはいかないですが、休日は石けんオフメイクというサイクルを続ければ、肌がよくなりそうです。

—— ずっと変わらない美をキープされて
　　いますが、美容はお好きですか？

20代は無頓着だったのですが、30代半ばを過ぎてくすみやざらつきが気になるようになり、これはまずい（笑）と。美顔器を取り入れたり、美容に詳しい方に教えていただいたビタミンCコスメをたっぷり使うようになったら、透明感が出てきました。今、20代の頃より肌の調子がいい気がします。手をかけた分だけ返ってくるとわかり、美容に興味が湧いてきたタイミングで石けんオフメイク研究会のメンバーになれて、本当にうれしい。年を重ねてシワができても、肌のみずみずしい質感を大切に、お手入れを頑張りたいですね。

シワができても、
みずみずしい透明感の
ある肌を保ちたい

GOOD BASE MAKEUP

———

石けんオフベースメイクで、なりたい肌を作る

しっとり軽くてスキンケアみたいに心地いいのが、石けんオフのベースメイク。それだけじゃなく、最近は
部分下地やクッションなど種類が増え、質感もいろいろ。アイテム次第で、さまざまな肌が作れるのです。

教える人

会員 No.3
AYA
ヘア&メイクアップアーティスト
→ プロフィールは P.36

会員 No.9
岡田知子
ヘア&メイクアップアーティスト
→ プロフィールは P.36

GOOD BASE

①

シミやくすみが一日中見えない〝完璧肌〟

▼

BB クリームとパウダーファンデーションを重ねづけ

合成成分をできる限り排除している石けんオフのファ
ンデーションは、一般品に比べると、どうしても透け
感のある仕上がりに。でも、重ねることでカバー力を
上げることができます。単品を厚塗りするのではなく、
BB とパウダリーという形状の異なるファンデーション
をそれぞれ薄く重ねて。透明感や立体感を保ったまま
カバー力が上がり、密着感も高まります。(担当:AYA)

**なめらか均一肌に
整える BB クリーム**

くすみや毛穴をカ
バー。保湿効果も。
ナチュラグラッセ モ
イスト BB クリーム
SPF43・PA+++ 全
3色 27g ¥2800 ／
ネイチャーズウェイ

**しっとりフィットする
パウダーファンデーション**

ミネラルパウダーを
植物オイルでプレス。
粉っぽくなくしっと
り。ミネラルエッセン
スモイスト SPF40・
PA+++ 全3色 10g
¥5800 ／ MiMC

— HOW TO —

1

小豆粒大の BB クリームを手の甲に
とり、頬→額→鼻とあご→細かい部
分の順に、指で顔全体に薄く塗る。

2

手の甲に残った BB クリームを指に
薄くとり、シミやくすみ、毛穴が気
になる部分にトントンと薄く重ねる。

3

パウダーファンデーションをパフの
1/3 面にとり、頬からあご→額→鼻
の順に半顔塗る。同様にもう半顔も。

4

パフに残ったもので目元や口元を薄
くカバー。最後にパフを裏返し、首
との境目をぼかして白浮きを防ぐ。

---- **POINT MAKEUP** ----

ベージュのワントーンでシックに。**A** 左下のキャメルベージュをアイ
ホールに、右下のブラウンを二重の幅と下まぶたの目尻側 2/3 に細く。
マイファンスィー ミネラル アイシャドー パレット 01 ¥4700 ／ Koh
Gen Do **B** 頬の内側から外側に、外側が広いしずく形に入れる。ビ
オモイスチュアチーク 06 ¥3800 **C** スティックで唇全体にたっぷり
と。ミネラルカラーリップ SPF20・PA++08 ¥3500 ／ともに MiMC

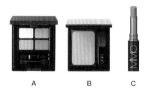

A　　　　B　　　　C

休日にさらっと心地いい〝リラックス肌〟

▽

色つき下地とUVパウダーで自然なツヤ肌に

休日や、自宅で過ごすリモートデイは、ファンデーションを塗らずリラックスしたいですよね。とはいえくすみはカバーしてテンションを上げたいし、紫外線も気になります。おすすめは、色つきのツヤっぽい下地で肌色を整えつつ立体感を出し、色つきのUVカットパウダーで仕上げるライトメイク。色があるものを重ねることである程度カバー力が出て、ファンデレスでも美肌に。（担当：岡田）

**くすみや毛穴をカバーして
つるんと明るい肌に**

淡いコーラルの色と
毛穴カバー効果で、
きれいな素肌のよう
に仕上がる。ミネラ
ルCCクリーム SPF
38・PA+++ 30g
¥3200／エトヴォス

**頼もしいUVカット効果と
ツヤ美肌演出効果**

くすみを飛ばすツヤ
ピンク。お直しにも
便利。アクア・アクア
オーガニックフェイス
パウダーUV SPF50・
PA++++ パールピン
ク7.5g ¥2600／RED

― HOW TO ―

1

小豆粒大の色つき下地を手の甲にとり、頬→額と鼻とあご→細かい部分の順に、指で顔全体に薄く塗る。

2

UVパウダーを付属のパフにとる。両手でもち、半分に折ってパフの毛足に粉をもみ込む。

3

パフで顔全体を押さえ、パウダーを薄くつける。こうすると下地が取れるので、垂直に押さえるのがコツ。

4

パフを半分に折り、小鼻の脇の凹凸にフィットさせるようにして丁寧につける。まぶたにも同様に。

▶ POINT MAKEUP ◀

ひとりで過ごす休日なら、思い切って1アイテムの引き算メイクにトライしてみると、カジュアルな服にも似合う抜け感が出る。ローズベージュのカラーリップを唇に塗った後、指にとって頬とアイホールにも薄く塗る。眉はパウダーアイブロウなどで。引き算メイクは自分の顔の魅力や弱点の発見になるので、たまにトライしてみて。アルジェランカラーリップスティック アンバーローズ ¥648 ／マツモトキヨシ

GOOD BASE

オフィスでも安心、くずれにくい〝お仕事肌〟

▽

下地の重ね使い＆クッションファンデで密着感 UP

仕事が忙しい日は、気づいたら鼻がテカテカ、目元がヨレてる…！
とならないよう、朝の肌作りにひと工夫を。単品だとくずれやすい
石けんオフコスメも、薄く重ねるとそれぞれが密着してくずれにく
くなります。UV 下地、凹凸埋め下地、クッションファンデーション
を重ねると、仕上がりももちもぐんとアップ。（担当：岡田）

ノンケミカルのウォータープルーフ UV 下地

最初に仕込む、くずれにくい UV 下地。UV アンブレラ サンプロテ
クションミルク SPF50+・PA+++ 50mL ¥3000 ／アウェイク

毛穴や小ジワを埋めるバーム下地

樹木由来の繊維やミネラルが凹凸を埋める。ミネラルイレイザーバ
ーム SPF20・PA++ 6.5g レフィル¥4700、ケース¥1100 ／MiMC

ファンデーションは密着感の高いクッションを

パフでつけるので密着。オンリーミネラル ミネラルクッション BB
SPF25・PA++ 全2色 11g ¥4700（ケース込み）／ヤーマン

― HOW TO ―

1	2	3	4

1 日焼け止めを適量手の甲にとり、頬、額、鼻、あごに置いてから顔全体に薄くのばす。首筋にも塗って。

2 凹凸を埋めるバーム下地をスポンジにとり、毛穴や小ジワの気になる部分を中心に、薄くなじませる。

3 クッションファンデーションをパフの1/3面にとり、頬→額→鼻→あご→細かい部分の順に、薄く塗る。

4 仕上げにパフをふたつ折りにして、小鼻をポンポンと押さえるようにすると密着感が高まり、くずれにくく。

POINT MAKEUP

きちんと感と血色感のあるお仕事メイク。**A** 左下のベージュをアイホールに、右下のダークベージュを下まぶたのキワに。上まつげのキワに右上のブラウンを細く入れる。ミネラルシルクアイズパレット メイズブラウン ￥3600／ヴァントルテ　**B** 頬の高い部分を中心に。アクア・アクア オーガニッククリームチーク 03 ￥2000／RED　**C** 唇全体に。ミネラルルージュ クラシックベリー ￥2800／ヴァントルテ

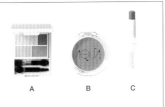

A　　　　B　　　　C

GOOD BASE

④

つるんとピュアな〝毛穴レス肌〟 ▶ スムーザー＆ハイカバー BB でなめらかに

ぽっかり空いた毛穴や詰まって黒ずんだ毛穴がメイクをすると目立つ場合、方法はふたつ。まず、大きな毛穴もしっかり埋まる、部分用のスムーザーを仕込むこと。さらにカバー力高めの BB クリームやファンデーションを重ねると、黒ずみも目立たなくなります。仕上げに必ず粉を使ってソフトフォーカス（ぼかし）効果もプラス。（担当：岡田）

A 毛穴をカバーし、テカリも防ぐ部分用のスムーザー。オイルシャットデイセラム 10g ¥2500 ／アユーラ　B カバー力のためのミネラルを多く配合。オンリーミネラル ミネラルエッセンス BB クリーム ウルトラ SPF25・PA++ 全3色 30g ¥4300 ／ヤーマン（2020 年 9 月 5 日発売）　C 透明感が出るルースパウダー。アヤナス フェイスパウダー コンセントレート 13g ¥5000 ／ディセンシア

— HOW TO —

1　2

スキンケアの後、スムーザーを指にとって大きな毛穴が目立つ部分にくるくるとすり込むように塗る。

小豆粒大の BB クリームを頬→額→鼻とあご→細かい部分の順に塗り、仕上げにフェイスパウダーを薄く。

POINT MAKEUP

コッパーアイシャドウとシアーブラウンのリップ美容液で、マニッシュとフェミニンのバランスがとれたメイク。A アイホール全体に。ミネラルリキッドリーシャドー 05 ¥3300 ／MiMC　B 頬の高い部分に指でなじませる。ミネラルシルククリーミィチーク＆ルージュ サンセットコーラル ¥2800 ／ヴァントルテ　C 唇全体にたっぷりと。オンリーミネラル ミネラルカラーセラム 12 ¥2500 ／ヤーマン（2020 年 9 月 5 日発売）

A　B　C

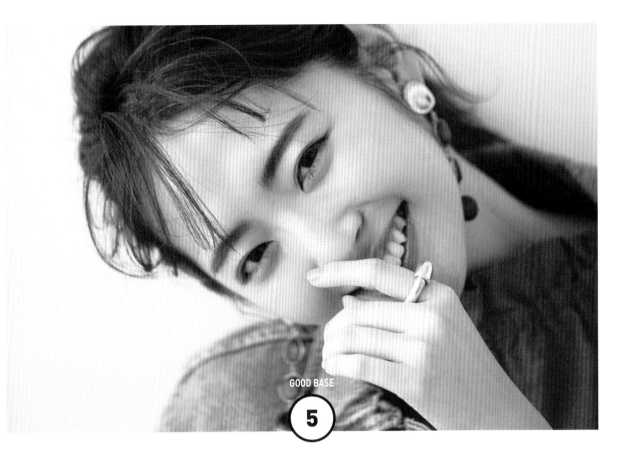

GOOD BASE

5

しっとりやわらかい 〝セミマット肌〟 ▶ ルースファンデとコンシーラーで柔肌演出

石けんオフベースメイクの定番といえ
ばミネラル100％のファンデーション
ですが、カバーしようとして塗り重ね
ると、のっぺりして透明感も失われが
ち。コンシーラーで色ムラをカバーし
てから薄く塗ると、パウダーのしっと
り感やセミマットなやわらかさが生
き、ふんわり美肌に。(担当：AYA)

A使いやすいペンシルタイプのコンシーラー。さらっとしているのに
パサつかない。アクア・アクア オーガニックスティックコンシーラー
全2色 1.7g ¥2300／RED **B**軽やかでほんのリツヤもあるルー
スファンデーション。ディアミネラルファンデーション SPF25・
ΓA++全5色 5.5g ¥3000 **C** Bのファンデーションに適したブラ
シ。フェイスカブキブラシ ¥2000／ともにエトヴォス

━ HOW TO ━

1

スキンケアをして日焼け止めを塗っ
た後、ペンシルコンシーラーを色ムラ
が気になる部分に塗り、なじませる。

2

ファンデーションを蓋に適量出す。
ブラシを蓋に垂直にあててくるくる
と粉を含ませ、フチで余分を払う。

3

顔の中心から外側に向けて、ブラシ
を垂直にあてて塗り広げる。頬から
あご→額→鼻→細かい部分の順に。

SEKKEN-OFF MAKEUP BRAND INDEX

全アイテムが
石けんオフ可能な
メイクブランド紹介

石けんオフコスメを作っているブランドは多くありますが、その中でもすべてのメイクアイテムが石けんオフ可能であるというこだわりのブランドは、この9つ。代表的アイテムとともにご紹介。

AQUA·AQUA

【 アクア・アクア 】

みずみずしいツヤと発色が魅力の
国産オーガニックコスメ

すべてのメイクコスメにオーガニック植物やフレッシュフルーツのエキスを配合。潤い（＝アクア）をたっぷり含んだ肌を目指すブランド。手頃な価格と使いやすいカラーバリエーション、発色のよさでいくつも欲しくなります（→メイク紹介は P.22）。

Category	☐ ナチュラル／自然派コスメ
	☐ ミネラルコスメ
	☑ オーガニックコスメ
URL	aqua-cosme.com

人気 No.1 商品。アクア・アクア オーガニッククッションコンパクト SPF35・PA+++ 全4色9g リフィル¥2800、ケース¥850／RED

VINTORTÉ

【 ヴァントルテ 】

ミネラル＆シルク配合。敏感肌に寄り添い、凛と美しく

上品で端正な美しさを引き出す仕上がりに定評がある、京都生まれのブランド。すべてのメイクコスメに、ミネラルと、高い保湿力とソフトフォーカス効果をもつ「ピュアシルクパウダー」を配合（→メイク紹介は P.24）。

Category	☑ ナチュラル／自然派コスメ
	☑ ミネラルコスメ
	☐ オーガニックコスメ
URL	www.vintorte.com

肌あたりを考慮した専用パフもふわふわで気持ちいい。ミネラルシルクファンデーション SPF25・PA++ 全5色 6g ¥3300（ケース込み）、パフ¥500／ヴァントルテ

ETVOS

【 エトヴォス 】

トレンドを押さえたアイテムが豊富にそろう

肌に負担をかけないメイクと本格スキンケア、共に多彩なアイテムが充実し、両輪で美肌を目指します。シーズンごとの新色は、流行を取り入れつつ、使いやすさにも配慮（→メイク紹介は P.26、開発者インタビューは P.110）。

Category	☑ ナチュラル／自然派コスメ
	☑ ミネラルコスメ
	☐ オーガニックコスメ
URL	etvos.com

スキンケア成分を配合した、ユニークな夜用パウダー。スキンケアの最後にも、メイクの仕上げにも。ナイトミネラルファンデーション 5g ¥2500／エトヴォス

MiMC

【 エムアイエムシー 】

上質さにこだわったモードなミネラルメイク

高品質なミネラルや希少な植物など、肌のための原料選びに重きをおきながら、メイクアップアーティスト監修によるエッジの効いたカラーを展開。2019年からパリコレのバックステージにも参加中（→メイク紹介は P.18、20）。

Category	☐ ナチュラル／自然派コスメ
	☑ ミネラルコスメ
	☑ オーガニックコスメ
URL	www.mimc.co.jp

カラーメイクで最も人気のアイテム。乾燥しやすい頬に潤いを与えながら、フレッシュな血色と自然なツヤを演出。ミネラルクリーミーチーク 11 ¥3300／MiMC

ONLY MINERALS 【 オンリーミネラル 】

肌に溶け込むなめらかなミネラルコスメ

ミネラルコスメを日本に本格導入したヤーマンが、独自の粉砕技術でしっとりなめらかなミネラルコスメを開発。質感もカバー力も異なる豊富なベースメイクアイテム、トレンド感たっぷりのカラーアイテムが魅力（→メイク紹介は P.28）。

Category	☑ナチュラル／自然派コスメ
	☑ミネラルコスメ
	□ オーガニックコスメ
URL	www.onlyminerals.jp

ミネラル100%なのに、しっとりクリーミィ。オンリーミネラル ファンデーション SPF17・PA++ ツヤタイプ 9色、マットタイプ 9色 7g ¥3800 ／ヤーマン

ZAO 【 ザオ 】

サステナブルなフランスのオーガニックコスメ

鮮やかな発色を追求しながら、リフィルシステムの採用や、全製品フランスのオーガニック認証（コスメビオ）を取得するなど、肌と地球環境に向き合うブランド。竹に含まれる有機シリカに着目し、パッケージにも竹を使用。

Category	☑ナチュラル／自然派コスメ
	□ ミネラルコスメ
	☑オーガニックコスメ
URL	zaomakeup.jp

接着剤不要のマグネット式。レクタングルアイシャドー リフィル パーリーカラー（上 127、下 125）各 ¥950、専用デュオバンブーケース ¥1500 ／ ZAO JAPAN

TV&MOVIE 【 ティービーアンドムービー 】

大人の肌のためのハイカバーファンデーションが人気

高画質 4K に対応できるほどのカバー力と、TV や映画など映像の世界でも通用する完成度の高いメイクを、オーガニック＆ナチュラルな成分と自然な製法で実現するブランド。年齢を重ねた肌のためのエイジングケア効果も。

Category	☑ナチュラル／自然派コスメ
	☑ミネラルコスメ
	☑オーガニックコスメ
URL	www.tv-movie.co.jp

馬プラセンタやマヌカハニーなどの保湿成分を配合。10min ミネラルパウダーファンデ SPF40・PA+++ 全5色 ¥5500（ケース、パフ、ブラシ込み）／ TV&MOVIE

24h cosme

【 ニジュウヨンエイチコスメ 】

初心者にもプロにも愛される
使い勝手のよいコスメ

「24 時間落とさなくても OK なほど肌に優しいメイク」がコンセプト。ベースアイテムの豊富さと使い勝手のよさ、リーズナブルな価格が魅力で、石けんオフ初心者からコスメ好きインフルエンサー、プロのヘア＆メイクまで幅広く支持されています。

Category	☑ナチュラル／自然派コスメ
	☑ミネラルコスメ
	☑オーガニックコスメ
URL	www.24h-cosme.jp

UVケアをしながらシミやくまをカバー。24 ミネラル UVコンシーラー SPF50+・PA++++ 1.4g ¥3400 ／ 24hcosme

---

m.m.m

【 ムー 】

抜け感のあるデザイン、
リラックス感と遊び心が特徴

自然の成分に包まれて、心地よさに思わず「m.m.m（ムー）！」と言ってしまいそう……という、ブランド名の由来が微笑ましい。日常の中の楽しさや「あったらうれしい」をコンセプトに、ユニークなアイテムが豊富。抜け感のあるパッケージも人気。

Category	☑ナチュラル／自然派コスメ
	□ ミネラルコスメ
	☑オーガニックコスメ
URL	www.mmmcosmetics.jp

人気 No.1 は、毛穴や小ジワをぼかしてなめらかに整える部分用下地。ムー スキンスムーザー PW ¥3200 ／ハーブラボ

※ 基本的に石けん 度洗いで落とせるアイテムがほとんどですが、一部、二度洗い推奨のアイテムがあるブランドもあります。また、落ちにくい場合は P.65、106 を参考に洗顔してみてください。

Smart
skincare
method

—

肌悩みが多い人のための
知的スキンケア

P.4〜9で触れた、「バリア機能を取り戻し、必要な潤いや成分を与えて
きれいな肌へと導く」方法を具体的にご紹介します。多くの皮膚科医や
化粧品研究者への取材を経て結論づけた、極めて論理的なメソッドです。

教える人
会員 No.6
大塚真里
エディター

Profile おおつか・まり／1973年、ニューヨー
ク出身。女性誌の編集・執筆、広告制作を手が
ける。皮膚科医や化粧品研究者への取材を20
年以上重ね、肌の構造や化粧品について熟知。

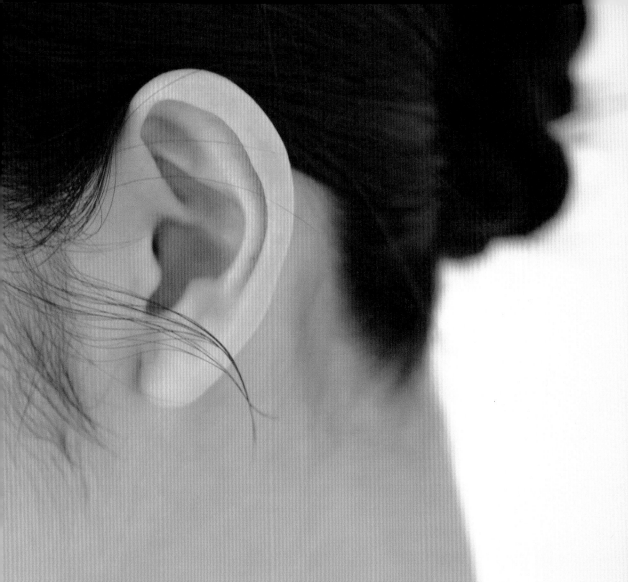

雰囲気やイメージではなく、根拠の あるお手入れが、美肌を作ります

　ストレスや何らかの原因で肌があれたり、ある日毛穴の
詰まりに気付いたりして、どうにかしようとスキンケアを
模索している方は多いと思います。今、ネットや雑誌を見
ればスキンケアの情報は山ほど見つかります。でも、それ
らを「よさそう」「効きそう」とイメージだけで取り入れる
のには注意が必要です。ヒトは生物。皮膚のメカニズムに
沿って、科学的根拠をもった知的なお手入れをしないと、
頑張ってもムダや逆効果になってしまうこともあるのです。
　P.4〜9でお話ししたように、肌の調子のカギは、ほぼ、
バリア機能が握っています。まずは洗い過ぎをやめ、自分
の肌に合った保湿ケアでバリア機能を取り戻しましょう。
さらに美肌を磨くための、プラスのケアもご紹介します。

Step 1	石けん メイク・・・・・・・
Step 2	角質ケア 代謝を上げる
Step 3	化粧水で 透明感を引き出す
Step 4	ビタミンCで 肌悩みを丸ごとケア
Step 5	乳液やクリームで 潤いキープ

Step 1

石けんでメイクや汚れを落とす

バリア機能に影響を与えにくい石けん洗顔が、美肌の始まり

　石けんオフコスメでメイクをして、クレンジングを使わず、石けん洗顔1回でメイクを落とす。まずはこれが美肌の始まりです（クレンジング料や洗顔料でなく石けんをおすすめする理由は、ぜひ P.8 をご覧ください）。メイクや毛穴汚れが落ちにくいときは、ゴシゴシこすると肌トラブルの元になるので、右の方法を試してみて。毛穴詰まりについては P.66 でもご説明します。メイクをしていない朝は、石けん洗顔でも、肌タイプに合った洗顔料を使ってもかまいません。ただし、洗顔料を使う場合は肌に泡が残らないよう気をつけましょう。

1

ぬらした手の中で石けんを転がし、適量をとる

ぬるま湯で手と石けんをぬらす（顔は、ぬらさない方がメイク落ちがよくおすすめ。ぬらすほうが肌には優しい）。石けんを転がして適量をとる。

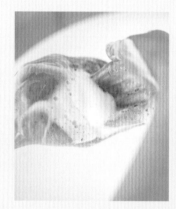

2

ぬるま湯を含ませながら泡立てる

両手を重ね、ぬるま湯を少量加えてこすり合わせる。泡が増えたら、利き手の指先を使い、ぬるま湯を足しつつ空気を含ませるように泡立てる。

5

リップメイクは指の腹で丁寧に浮かせる

顔全体は泡を丁寧にのせるだけでこすらないように。その後、泡を唇になじませ、指の腹で軽くマッサージしてリップメイクを浮かせる。

6

アイメイクや眉も指の腹で丁寧に

細かな凹凸があって汚れが落ちにくい目元や眉も、指の腹で軽くマッサージするように洗う。目をしっかり閉じ、泡を目のキワまでなじませて。

こんなときは…

アイメイクが落ちない…
▶ **オイルやリムーバーでオフ**

洗顔前、保湿オイルやポイントメイクリムーバーをコットンに含ませ、まぶたにしばらくのせた後に拭う。

毛穴が詰まる…
▶ **Tゾーン泡パック**

作った泡を顔全体にのせる前に、Tゾーンに適量のせ、20秒程度おく。その後、残りの泡も足して顔全体を洗う。

メイクが落ちきらない…
▶ **顔全体泡パック**

メイクの油分が強いと落ちにくいことが。泡を顔全体になじませた後、10〜20秒程度おいてからすすぐ。

3
—
両手にこんもりの細かい泡ができればOK

粒が小さくきめ細かい泡が、両手に軽くこんもりする量できれば完成。手だと泡がうまく作れない場合は、泡立てネットを使ってもOK。

4
—
顔全体に泡をなじませる

まずは面積が広く、ファンデーションをしっかり塗っている両頬に泡をのせる。Tゾーンにも広げ、泡が肌に密着するようによくなじませる。

7

—
たっぷりのぬるま湯で泡をすすぎ落とす

顔全体を洗い終わったら、泡がなくなるまでぬるま湯で何度もすすぐ。ここでも強くこすらないよう意識して。フェイスラインの泡残りも注意。

POINT

石けんオフした後はすぐにスキンケアを

洗顔後の肌は、使う石けんによって差はありますが、おおむね〝さっぱり〟します。放っておくと乾燥しやすいので、素早く次のお手入れを。

→おすすめの石けんはP.70〜73

Step 2 角質ケアで代謝を上げる

**肌にやわらかさや清潔感をもたらし、
毛穴詰まりも目立たなく**

　角質ケア＝ピーリング＝怖い、というイメージをもつ方も多いようです。実際に、刺激や摩擦を伴う強い酸やゴロゴロしたスクラブなどは、肌にダメージを与えるのでおすすめできません。でも、マイルドな酸や酵素などの力を借りて、肌表面の不要な角質の剝離を促すタイプの角質ケアは、肌質を問わず多くの人におすすめしたいもの。洗顔後すぐに使う化粧液や、酵素洗顔料、ジェルなどさまざまなタイプがあるので、好みに合わせて取り入れて。

　肌の代謝は加齢や乾燥によって滞りやすく、ゴワつきや硬さ、乾燥に伴うくすみなどは、肌表面に滞った古い角質が原因です。洗顔でもある程度は自然に落ちますが、角質ケアをプラスすればより滞りがなくなって、すっきりと明るく清潔感のある肌に。また、毛穴詰まりにも角質ケアは効果を発揮します。強い洗浄力をもつクレンジングをやめると、毛穴の汚れが落ちにくくなりますが、それを補ってくれるのが角質ケア。毛穴詰まりの正体は、皮脂と古い角質。角質ケアで少しずつ毛穴の汚れを取り去ることで、詰まりが目立たない肌に。

目元・口元を除く顔全体をケア

角質ケアは、皮膚の薄い目元・口元を除く顔全体に使って。酵素洗顔料は、メイクをしていない朝の洗顔に取り入れるのがおすすめ。

**敏感に傾いた肌にも使える
角質ケア化粧液**

水のようにさらさらとした感触の化粧液。洗顔後すぐの肌になじませる。P.96でも詳しく紹介。タカミスキンピール 30mL ¥4800／タカミ

**酵素が古い角質を穏やかに
取り去るパウダー洗顔料**

酵素は洗顔中だけ穏やかな効果を発揮し、すすげば効力を失う安全な角質ケア。朝の洗顔に。ウォッシュバウダー 60g ¥3000／メディプラス

**肌になじませ、ジェルと一緒に
古い角質をオフ**

角質ケア成分配合のジェル。洗顔後の肌に塗り、軽くなでてオフ。週1〜2回。ソフト ゴマージュ ジェル 75g ¥3500／Koh Gen Do

**毛穴のざらつきが気になる
Tゾーンのための炭配合ジェル**

炭パウダーが毛穴のざらつきにアプローチ。Tゾーンをマッサージしてすぐ。週1〜2回。CARE-NA ホット クールジェル 60g ¥1400／オルビス

化粧水で透明感を引き出す

化粧水は保湿のためではなく、透明感や水溶性の美容成分を与えるために使う

化粧水の成分の大半は、水です。人体の60%以上は水分であり、肌の奥には水が充分にあります。乾燥肌のケアに必要なのは水分＝化粧水ではなく、肌がもつ水を逃さないためにバリア機能を強化すること。「保湿のカギは化粧水」というのは、間違った常識です。化粧水をつける真の意味は、（つけてすぐ蒸発しないよう保湿成分を含んだものを選び）角層に水分をたっぷり含ませることで、透明感をもたらすこと。また、水溶性の美容成分は化粧水に配合すると都合がいいことも。そういった成分がきちんと配合されているものが、よい化粧水です。

1

コットンよりも手でつけるほうが肌に優しい

コットンを使うと化粧水が手からこぼれにくく便利なのですが、繊維による摩擦で肌を傷つけることも。手でつければ摩擦の心配はありません。

2

2回重ねると肌がふっくら、透明感が出てくる

手に1回とってつけられる量には限界があります。2回重ねると、保湿成分もある程度入ってふっくら透明感が。化粧水はぜひ2回づけしましょう。

ウンシュウミカンやパッションフルーツが毛細血管をケア

いきいきした肌に。P.80でも詳しく紹介。アルジェラン オーガニック認証 高保水化粧水 180mL ¥1500／マツモトキヨシ（2020年9月11日発売）

肌細胞の水の通り道を増やし、潤いを巡らせる

とろっとしたテクスチャーが肌の上でばしゃっと弾けて浸透。透明感あふれる肌に。オルビスユー ローション 180mL ¥2700／オルビス

代謝を整えて潤いを増やすライスパワー No.11 が贅沢に

保湿成分のライスパワー No.11を配合。ライースリペア インナーモイスチュアローション No.11 [医薬部外品]120mL ¥8000／勇心酒造

厳選された植物エキスや発酵由来エキスが美肌を後押し

ヒメフウロエキスや5種の発酵エキスなどを配合。P.88でも詳しく紹介。ビューティービオファイター プリンセスケア 125mL ¥5000／MiMC

Step 4 | ビタミンCで肌悩みを丸ごとケア

バリア機能の強化と合わせて 美肌を育てるのに欠かせない

　きれいな肌になるために、石けん洗顔や保湿ケアでバリア機能を取り戻すことと併せて考えたいのが、美容成分を肌に取り入れるお手入れです。年齢を重ねると、紫外線や加齢によって徐々にシミやシワ、たるみが増えていきます。肌質によっては過剰に分泌される皮脂に悩まされたりもします。それらは、バリア機能が高いだけでは防ぐことができません。肌に働きかける機能をもった美容成分の力を借りましょう。

　美容成分＝化粧品の原料は、植物のエキスや合成成分など多種多様に存在し、多くのものにはそれぞれ魅力的な効果があります。が、「予算には限りがあるし、なにかひとつ確実なものが知りたい」といわれたら、おすすめしたいのはビタミンCです。理由は、高い抗酸化作用によって得られる幅広いエイジングケア効果と、過剰な皮脂を抑制して毛穴を引き締め、詰まりを防ぐ効果があるから。ビタミンC誘導体の多くは水溶性なので、美容液や化粧水タイプのものが多いです。毎日のケアに取り入れましょう。

POINT

毛穴が気になる部分には重ねづけ

Step4としていますが、化粧水タイプやブースタータイプ（下の右2品）は化粧水の前に使って。Tゾーンや頬など毛穴が気になる部分には多めに。

ビタミンCとビタミンE、セラミドという最強の組み合わせ

ビタミンC誘導体を2種配合し、セラミドを合わせることでビタミンCの効果を高めた美容液。タカミエッセンス CE 30mL ¥5000／タカミ

ピュアビタミンCが高濃度に。効き目が素早い美容液

配合の難しいピュアビタミンCが、独自技術で超高濃度に。P.90でも詳しく紹介。オバジ C25 セラム ネオ 12mL ¥10000／ロート製薬

フレッシュなビタミンCを肌にたっぷり届ける化粧水

ビタミンC誘導体のパウダーと化粧水を使う直前に混ぜる。P.94でも詳しく紹介。myEVERY＋Cローション 60mL ¥3500／スキンケアファクトリー

まっさらな肌にビタミンCの泡パック

肌なじみがよく安定性の高い「アタック型ビタミンC」を配合。洗顔後、角質ケアの後につけて。C-チャージパック 60mL ¥4600／メディプラス

Step 5 　乳液やクリームで潤いキープ

油分と保湿成分の相乗効果で
潤いを守り、バリア機能を補助

お手入れの仕上げには、乳液やクリームを使いましょう。これ、「油分が肌の潤いを守ってくれる」と捉えている方が多いと思いますが、実際は少し異なります。油分には、水分の蒸散を防ぐ（エモリエント）効果がありますが、潤いを保持する（モイスチャライジング）効果はありません。その証拠に、乾燥肌の人が美容オイルやワセリンだけつけて寝ると、翌朝肌はカサカサになります。乳液やクリームには、油分と一緒に、潤いを保持するための保湿成分が入っていて、それらと油分の相乗効果で肌の潤いが保たれます。また、油分によって肌がしなやかになったり、ツヤが出て肌がきれいに見えるところも乳液やクリームのメリットです。

日中Tゾーンがテカったりベタつきやすい方は、油分が少なめの乳液や、さらっとしたクリームを選んで。皮脂が少なくパサつきやすい方は、油分が多くこっくりしたクリームを。混合肌で頬や目元、口元だけが乾く場合は、クリームを乾く部分だけにつけるのがおすすめです。

POINT

つける量やエリアは肌と相談

脂っぽい部分に、無理に乳液やクリームをつける必要はありません。逆に乾燥が激しい部分には重ねづけしたり、肌の様子を見て使うのが◎。

**抗酸化成分と保湿成分を凝縮。
軽めのクリーム**

ビタミンCやアスタキサンチン、セラミドなどの美容成分をクリームに凝縮。ザ スキンケア クリーム 31g ¥10000／スキンケアファクトリー

**ヒト型セラミドがバリア機能を
サポートし、肌あれを防止**

潤いを守るのに欠かせないセラミドを配合したクリーム。コクのある感触で乾燥肌に◎。モイストバリアクリーム 30g ¥3500／エトヴォス

**敏感肌でも潤いを保てる！
肌表面にバリアを作るクリーム**

肌の表面を膜でぴったりと包み、潤いを逃さない。P.98、112でも詳しく紹介。アヤナス クリーム コンセントレート 30g ¥5500／ディセンシア

**ビタミンと植物成分が
潤いを守りながら美肌ケア**

各種ビタミンと植物エキス、保湿成分を配合。さらっとしてベタつかず潤いを守る乳液。ケイホワイトミルク 100mL ¥8000／ドクターケイ

Soap catalog

好評にお応えしてアンコール！
肌がきれいになる
石けんカタログ

『クレンジングをやめたら肌が
きれいになった』で、とにかく
大好評だったのが石けんカタログ。
新たに発見したおすすめ石けん、
再びお伝えしたい石けんなど、今回は
厳選12品をご紹介します。

さっぱりタイプ

きめの奥までメイクが落ちた実感が欲しい方や、ベタつきや
毛穴汚れが気になる方には、洗浄力の高いさっぱりタイプが
おすすめ。洗い上がりがつっぱりにくいものを厳選しました。

Recommend for こんな方におすすめ

- ☑ Ｔゾーンや顔全体が脂っぽい
- ☑ 下地やファンデーション、コンシーラーでしっかりメイクしている
- ☑ 毛穴の中まできれいさっぱり落としたい
- ☑ さっぱりした洗い上がりが好き

ケイクリアソープ

ビタミンＣやビタミンＢ群、グリチルリチン酸など、美容
液に使われるような成分を配合して毛穴にアプローチ。メ
イクも毛穴の汚れも落とす洗浄力で、毛穴が詰まりやすい
方におすすめ。標準重量80g ¥3500／ドクターケイ

エトヴォス
クリアソープバー

石けんオフメイク研究会の中でも愛用者が多い逸品。長
期熟成の枠練り製法により、セラミドやリビジュアと
いった保湿成分をふんだんに配合。もくもくと泡立ち、
洗い上がりはさっぱり。80g ¥2000／エトヴォス

アライズ ＆ シャイン フェイシャルバー

AHAを配合し、古い角質や毛穴汚れを自然にオフ。オリー
ブやホホバなど植物由来のオイルも配合して、肌の乾燥を
防ぐ。幸福感あふれるシトラスハーバルの香りがいっぱい
に広がり、洗顔が楽しみに。100g ¥2500／アウェイク

オンリーミネラル
エクストラフォーミングソープ

ミネラルと植物由来エキスを配合し、肌の
潤いを守りながらメイクと汚れを吸着す
る、クリーミィなソープ。固形石けんと変
わらない洗浄力ながら、チューブタイプで
便利。洗い上がりはすっきりとみずみずし
い。100g ￥3000／ヤーマン

HACCI
はちみつ洗顔石けん

はちみつの豊富な栄養で肌をいたわるスキンケアブラン
ド「HACCI」のシグニチャーソープ。はちみつを贅沢に
配合することにより、独特のぼってり濃厚な泡を実現。
洗い上がりの肌はやわらか。80g ￥4800／HACCI

レ・メルヴェイユーズ ラデュレ
ローズ エッセンス
フェイシャル ソープ

3カ月乾燥・熟成させる、贅沢な枠練り製法。肌への優しさ
と洗浄力のバランスにこだわり抜いた原料選びにより、
素早いすすぎと、カサつかずすっきりした後肌を実現。標
準重量 80g ￥2700／レ・メルヴェイユーズ ラデュレ

しっとりタイプ

乾燥肌で洗顔後にキュッとなる感じが苦手なら、グリセリンなどの保湿成分を多く含み、しっとりなめらかに洗い上げるタイプの石けんを。泡立ちは控えめなものが多いです。

Recommend for こんな方におすすめ

- ☑ 皮脂が出にくく乾燥が気になる
- ☑ ベースメイクはBBクリーム＋パウダーなど、軽め
- ☑ 肌がゆらぎやすい
- ☑ しっとりした洗い上がりが好き

MAKANAI
**丁寧な洗顔せっけん／しっとりタイプ
（うるおいに導く香り）**

はちみつと、ツバキ種子油やゴマ油など5種の植物油を配合。きめ細かい泡が立ち、潤いのヴェールに包み込まれたような洗い上がり。みかんとアオモジの爽やかな香りもクセになる。標準重量80g ¥3500／ディーフィット

アトピスマイル
透明石けん

アトピー肌など肌が弱い方のために、というコンセプトで開発された「アトピスマイル」。保湿成分のライスパワーNo.3を配合した石けんは、やわらかな泡立ちで潤いで包むように洗い上げる。100g ¥1500／勇心酒造

メディプラス
オイルクリームソープ

オリーブ油やグリセリン、セラミド、ヒアルロン酸、コラーゲンなど、保湿成分がとにかくたっぷり。洗う前よりもむしろしっとりするような感覚で、潤いを抱え込めない乾燥肌でも使える。60g ¥2300／メディプラス

つつむ
ジェントル ウォッシュ

敏感肌のために生まれたブランド「ディセンシア」で、ロングセラーを誇るしっとりソープ。角層保護成分のクバスを含んださっくりとした泡が肌をふんわり包み、潤いを逃さず洗う。80g ¥1800／ディセンシア

MiMC
オメガフレッシュモイストソープ
（フランキンセンスブレンド）

保湿成分を多く含む枠練り製法の中でも、植物エキスの
力を生かす"コールドプロセス製法"を採用。美肌の元で
あるオメガ3・6脂肪酸が生きたアサ種子油を配合し、
コクのあるクリーミィな泡立ち。100g ¥2800／MiMC

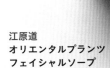

江原道
オリエンタルプランツ
フェイシャルソープ

"洗顔こそスキンケア設計"をコンセプトに、肌あれを防
ぐ植物エキスや保湿成分を配合。濃密な泡が立ち、保湿
パックをしたようにしっとりした洗い上がり。標準重量
100g ¥4200／Koh Gen Do(2020年10月8日発売)

Talk with
Airi Suzuki

石けん洗顔、気持ちいい！
肌が変わる予感がします

会員 No.8　鈴木愛理

「石けんオフメイク」シリーズでは本作から、
石けんオフメイク研究会のメンバーに。
メイクやスキンケアは大好き！
新たに取り入れ始めたミネラルコスメや石けん洗顔に、
今はすっかりハマり中。

最近、スキンケアの効果を肌で実感できるようになりました

—— シリーズ書籍の読者には、鈴木さんと
　　同じ20代の方も多いんです。

うれしいです。20代後半、肌の変化に気付き始める年頃です。私は乾燥肌で、乾燥からくるゆらぎや肌あれが悩みの種。10代～20代前半は何をつけても一緒だったから、プチプラの化粧水や乳液で済ませていましたが、最近友達の影響で美容のスイッチが入り、憧れていた¥3000の化粧水を購入しました！　肌がすごく潤って、今までとは全然違います。スキンケアの効果を肌で実感できるようになったから、真剣に向き合いたいです。

—— 乾燥肌の改善には、石けんオフ
　　メイクがきっと役に立つと思いますよ。

同感です。私は8歳で芸能界に入ったので、小学生の頃から仕事でメイクをする機会が多く。当時も10代の頃も、クレンジングシートでゴシゴシ拭き取ったり、落とさず寝て翌朝オイルでがっつりオフしたりを繰り返していました。ステージでは遠目で映えるように、濃くくずれにくいメイクをするので、落とす負担も相当。今回、石けんオフメイクの美肌理論を知って、乾燥肌の一因は強いクレンジングだったかもと、腑に落ちました。当時の自分に「肌を大事にして！」といいたいです（笑）。

—— 実際に石けんオフメイクを
　　始めてみて、いかがでしたか？

リップやチークの発色のよさや、リップグロスみたいにツヤのあるものが石けんで落ちることに驚きました。メイクをしているのに軽くて、スキンケアの延長みたいな心地よさ。でも、きちんとカバー力もあるしくずれにくいし、機能的にもちゃんと満足できます。今までのメイクは、ライブで使えるウォータープルーフのファンデーション一辺倒だったのですが、石けんオフメイクも取り入れていきたいです。それと、実は石けんで顔を洗うのが初めてで！　泡立てネットで作ったもこもこの泡で顔を包み込むように洗うのが気持ちよくて、ハマっています。石けんオフメイクに出合えたことで、肌が変わりそうです。

profile

すずき・あいり／1994年、千葉県出身。8歳でアイドルのオーディションに合格。11歳から12年間、アイドルグループ「℃-ute(キュート)」のメンバーとして活動。2017年に解散し、現在は歌手活動を軸に雑誌『Ray』(主婦の友社)などのモデルとしても活動中。

石けんオフメイクは軽くて心地いいのに、機能的にも大満足

SKINCARE BRAND INDEX

肌悩みに応える、
知的スキンケアブランドリスト

P.66 〜 73 でご紹介したアイテムに加え、石けんオフメイク研究会が
日々の取材活動の中で見つけた、良質なスキンケアコスメをブランド別に
ピックアップ。オーガニックコスメからサイエンスコスメまでさまざま
ですが、〝肌のバリア機能をサポートする〟〝トラブルの悪化を防ぐ〟
という点は共通です。肌の悩みや好みに合わせて、選んでみて。

選んだ人
会員 No.6
大塚真里 エディター
→プロフィールは P.62

ARGELAN

アルジェラン

植物の力を追求。結果にこだわるオーガニックスキンケア

「アルジェラン」を知っていますか？ ドラッグストアで気軽に購入できるオーガニックヘアケアブランドとして 2012 年にデビューし、2016 年にはオーガニック認証を取得したスキンケアシリーズが登場。ナチュラルな香りによって心地よく使える良質なオーガニックコスメを、誰もが日常に体験できる環境を作りたい……。そんな思いから、原料や品質に手を抜かないことはもちろん、トライしやすく続けやすい価格にもこだわっています。ナチュラルコスメが好きな石けんオフメイク派の方には、うれしいコンセプト。

　2020 年の秋、「アルジェラン」のスキンケアが大きく進化して生まれ変わります。新たなコンセプトは〝結果にこだわるエビデンスオーガニックコスメ〟。植物には古くから漢方薬や薬草として扱われてきた歴史があることからわかるよ

うに、植物の抽出エキスやオイルには、確かな力をもつものがあります。また、植物から抽出した精油の香りが、嗅覚を通して心身にさまざまな影響を及ぼすことも知られています。「アルジェラン」はこの植物の強みを追求し、植物エキスを独自の測定方法に基づき分析。肌を潤し、いきいきと健康的な美しさをサポートするためのエビデンス（根拠データ）をもつ植物エキスを 5 種選定し、それを複合成分「フィトフォースコンプレックス」と名づけ、新たなスキンケアアイテムに配合しました。

　「アルジェラン」がもう一点、こだわったのが、環境や社会に貢献する、持続可能なもの作り。使用する植物原料や容器、資材の選定を徹底的に見直し、アイテムの多くがコスモスオーガニック認証を取得しています。

EFFECT

選び抜いた「フィトフォース コンプレックス」を配合

植物のエキスやオイルを独自に測定し、ウンシュウミカン果皮エキスとパッションフルーツ種子油を主軸に、ダルスエキス、バオバブ種子油、アシタバ葉／茎エキスの5種を選定。

ウンシュウミカン
果皮エキス

パッションフルーツ種子油
（クダモノトケイソウ種子油）

SUSTAINABILITY

持続可能な製品作りにこだわる

植物原料は副産物を利用したり、トレーサビリティを明確にしたり、その原料を使うことで地域環境に貢献したり。環境破壊につながりにくい容器や資材の採用も意識しています。

ORGANIC

コスモスオーガニック認証を取得

世界最大のオーガニック認証機関「エコサートグリーンライフ」のコスモスオーガニック認証を多くの製品で取得。環境や生物多様性、健康に配慮したもの作りをしている証です。

| Origin of a name | 英語で紋章を意味する ˢARGENTˢ と、ノランメ語 で飛躍を意味するˢELANˢ の組み合わせ。オーガニック コスメの魅力を広めたいとい う思いを込めて。 | Category | ☑ ナチュラル/オーガニックコスメ
☑ 高機能コスメ
☐ ドクターズコスメ | Fit for | ☐ 毛穴
☐ 混合肌
☑ ゴワつき
☑ 乾燥/くすみ
☑ ハリのなさ
☐ ゆらぎ |
| | | URL | www.matsukiyo.co.jp/mkc/argelan | | |

シリーズの主役は、この化粧水。豊かなとろみで美容液のように贅沢なつけ心地ながら、高い浸透力で角層の奥まで浸透。包み込まれるような精油の香り。アルジェラン オーガニック認証 高保水化粧水 180mL ¥1500 ／マツモトキヨシ

高品質と続けられる価格の両立。乾燥肌にもふっくらハリ感

　新生「アルジェラン」のスキンケアは、全8品のラインアップ。化粧水が2種と乳液、クリーム、オイル。洗顔系アイテムも3種そろっています。どれも税抜き¥1000台という、石けんオフメイクを実践しながらスキンケアを頑張りたいという方にもうれしい価格！　ドラッグストアのマツモトキヨシオリジナルブランドということで、流通などにかかるコストをカットできることから実現する、高品質＆低価格です。

　どれか1品からトライしたいという方には、豊かなとろみの高保水化粧水を推薦。ウンシュウミカン果皮エキスを中心とした「フィトフォースコンプレックスA」に加え、肌の細胞に存在する水の通り道に着目したザクロ果実エキス、アルファルファエキスを配合。クラリセージやフランキンセンスなどの精油を中心とした、深いリラックスを誘う香りもクセになります。深く潤ってもっちりした肌は、ふっくらとしたハリ感で毛穴まで目立たなくなるよう。乾燥やくすみ、ハリのなさが気になる方はぜひ一度試して。

良質で、エビデンスのある
オーガニックコスメを日常に

秋冬は高保水化粧水＆クリーム、春夏は整肌化粧水＆乳液など、季節に合わせて使い分けるのも可能なラインアップ。より乾燥が気になるときやマッサージを取り入れたいときには、マルチに使えるオイル美容液をプラスして。みずみずしい化粧水には癒される精油の香り、乳液とクリーム、オイルには心が穏やかに落ち着く精油の香りと、アイテムによって香りを変えているところも、植物を扱うことに長けた「アルジェラン」らしさ。**A** アルジェラン オーガニック認証 整肌化粧水 180mL ¥1500　**B** 同 オーガニック認証 高保水化粧水 180mL ¥1500　**C** 同 オーガニック認証 モイストバリア乳液 120mL ¥1500　**D** 同 オーガニック認証 保護クリーム 50g ¥1700　**E** 同 オーガニック認証 セラムオイル 30mL ¥1980／すべてマツモトキヨシ（2020年9月11日発売）

AYURA

アユーラ

働く女性の、ストレスによる複雑な肌悩みに応え続ける

体調や心のストレス、気温や湿度の変化など、内外のさまざまな要因に影響を受けてゆらぎやすい、私たちの肌。1995年に誕生した「アユーラ」は、当時からストレスによるゆらぎ肌に着目。肌の悩みや状態に合わせて選べる化粧液「バランシングプライマー」を中心に、ゆらぎ肌の駆け込み寺として支持されてきました。

そして2017年秋、ストレスによるゆらぎに負けない肌を目指す美容液「リズムコンセントレート」が発売に。スキンケアコスメでは珍しい、高野槙という樹木からとれるコウヤマキエキス（コウヤマキ枝／葉エキス）を配合。みずみずしいテクスチャーで肌になめらかに溶け込み、ローズマリーやベルガモットなどアロマティックハーブの香りにも癒されると大好評。開発当時のモニターテストでは、5年に1度

あるかないか、の高評価を得たという美容液なのです。

その美容液が、2020年の秋に進化して再び登場。初代にも配合されていたエクトインやビルベリー葉エキスに加え、肌あれ・乾燥を防ぎ肌本来の健やかさへ整えるオリーブ葉エキス、リンゴ幹細胞エキスを新たに配合。テクスチャーも、すーっと溶け込んでいくような肌なじみのよさに進化しました。癒されるハーブの香りはそのままに。

ストレスによるゆらぎにアプローチし、肌が本来もつダメージと闘う力をサポートして、いきいきと元気な肌へ。1本常備しておいて、ゆらぎを感じたときにプラスするのもいいし、毎日のお手入れに取り入れれば、肌がゆらぎにくくなるのが実感できます。肌の調子がよくなれば、自分に自信がついて、メイクも積極的に楽しめる！

BALANCING PRIMER

**ブランドの基盤スキンケア
「バランシングプライマー」**

ブランドと同時に誕生し、進化を繰り返している化粧液。肌状態に合わせて7種の中から1種をセレクト。洗顔後、お手入れは基本これ1本でもOK。Iは水分を補うタイプ、IIは水分・油分を補うタイプ。左から：保湿タイプ。バランシングプライマーα I、II 各100mL ¥4500 保湿＆ハリタイプ。バランシングプライマーα EXI、EX II 各100mL ¥6000 敏感肌用保湿タイプ。バランシングプライマー センシティブ I、II［ともに医薬部外品］各100mL ¥4200 敏感肌用保湿＆ハリタイプ。バランシングプライマー センシティブ EX［医薬部外品］100mL ¥6000 ／すべてアユーラ

ゆらぎ肌モニターの93％が満足。きれいになれる期待感！

ゆらぎ肌のモニター69名による1週間の使用調査（2020年1月）で、93％が満足という結果に。テクスチャーのよさに加え、肌が落ち着き、きれいになれる期待感が。リズムコンセントレートα 40mL ￥8000／アユーラ（2020年9月1日発売）

Origin of a name	サンスクリット語で、生命を意味する言葉〝AYUS〟（アーユス）から生まれたブランド名。ロゴのAは漢字の〝人〟、Yは伸びようとする新芽を表しています。

Category	
☐ ナチュラル／オーガニックコスメ	
☑ 高機能コスメ	
☐ ドクターズコスメ	

URL	http://ayura.jp

Fit for	
☑ 毛穴	
☑ 混合肌	
☑ ゴワつき	
☑ 乾燥／くすみ	
☑ ハリのなさ	
☑ ゆらぎ	

VINTORTÉ

ヴァントルテ

植物の生命力が凝縮した潤いで、乾燥ゆらぎ肌もしっとり

京都生まれのナチュラルコスメブランド「ヴァントルテ」。誕生のきっかけは、創業者の母が敏感肌で化粧品選びに苦労していたこと。クレンジング不要で肌に負担をかけにくいミネラルファンデーションからスタートし、ゆらぎ肌を美しく保つのに欠かせない両輪としてスキンケアも開発。さらに、悩みが多い頭皮と髪のためのヘアケアも……と、3つのカテゴリーのシナジーで、美しさを目覚めさせます。

天然ミネラルや植物由来エキスなど、高品質であり、かつ古くから使われていて安全性の高い天然由来原料を使用し、石油系界面活性剤や鉱物油などは不使用。さらに、18種のアミノ酸が含まれる厳選したシルクをすべてのアイテムに配合。メイクもスキンケアも肌にすっとなじんで、しっとりしたツヤを引き出してくれます。

ゆらぎやすい肌はバリア機能が乱れていて乾燥しやすいという点に着目し、スキンケアの「ボタニカルモイストシリーズ」には高い保湿力が備わっています。特筆すべきは、ビタミンやミネラルを理想的に含む状態で抽出したボタニカルウォーターがベースになっていること。メープルウォーター（サトウカエデ樹液）やチシマザサ水が角層にじんわり浸透し、きめを整え、潤いを長時間保ちます。さらに、3種の植物幹細胞エキスとヒト型セラミドを配合。心地よくやわらかなテクスチャーで肌を包みながら、肌本来のバリア機能をサポートし、ふっくらとしたハリも与えます。

また、2020年から環境や社会問題への取り組みをより強化。環境に配慮した処方や容器選び、紙資材のFSC認証紙（森林管理が確認された紙）への切り替えなどを行っています。

KEY INGREDIENTS

ボタニカルウォーター

アミノ酸、ビタミン、ミネラルをふんだんに含んだメープルウォーター（サトウカエデ樹液）とチシマザサ水を高配合。心地よいテクスチャーで肌に潤いをチャージ。

植物幹細胞エキス

高いエイジングケア効果が認められた、ロドデンドロンフェルギネウム葉培養細胞エキス、アルガニアスピノサ芽細胞エキス、リンゴ果実培養細胞エキスを配合。

ヒト型セラミド

肌のバリア機能のカギとなるのが、細胞間脂質のひとつであるセラミド。肌になじみやすい4種のヒト型セラミド（セラミドEOP、セラミドNG、セラミドNP、セラミドAP）を配合。

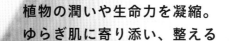

植物の潤いや生命力を凝縮。
ゆらぎ肌に寄り添い、整える

ナチュラルなミネラルメイクをすっきり落とす洗顔料からスタートし、化粧水、美容液、クリームと豊かな潤いを重ねていけば、ゆらぎ肌も本来のいきいきとした輝きへ。**A** もっちりと濃密な泡が立ち、肌を包み込むようにしっとりと洗う。ボタニカルモイストウォッシュ 120g ￥2800 **B** ボタニカルウォーターのみずみずしさを体感できる化粧水。ボタニカルモイストローション 150mL ￥3800 **C** 植物の恵みを凝縮。肌にハリを与える。ボタニカルモイストセラム 30mL ￥4800 **D** リッチなコクがあり、のびがよくベタつかない。ボタニカルモイストクリーム 30g ￥4200 ／すべてヴァントルテ

| Origin of a name | フランス語の〝vingt-quatre〟（24）、〝temps〟（時間）、〝beauté〟（美）を組み合わせた「24 時間美しい」の意味。メイク中もオフした後も、美しい素肌へ。 | Category | ☑ ナチュラル／オーガニックコスメ
□ 高機能コスメ
□ ドクターズコスメ | Fit for | □ 毛穴
□ 混合肌
☑ ゴワつき
☑ 乾燥／くすみ
☑ ハリのなさ
☑ ゆらぎ |
| | | URL | www.vintorte.com | | |

ETVOS

エトヴォス

肌悩みに寄り添う。皮膚科学から導き出されたスキンケア

カラフルなメイクコスメが魅力的な「エトヴォス」ですが、実は1本の化粧水からスタートしたブランドです。当時肌あれやニキビに悩んでいた会長の尾川ひふみさん（→P.110）が、自分のためにビタミンC誘導体配合の化粧水を開発し、それをサイトで販売したのが始まり。尾川さんの信念は「健康で美しい肌を保つために〝根拠のある化粧品〟を作りたい」。ふわっとしたイメージなどではなく、皮膚の構造や成分の働きを研究した、肌にとって本当にいい化粧品です。そのために、長年の研究や臨床結果をベースにした商品作りを行っています。もちろん、テクスチャーの心地よさや使い勝手など、化粧品としての魅力も追求しています。

「肌質や肌悩みは人それぞれ異なるから、それぞれに応えるスキンケアアイテムが必要」という思いから、悩みに合わせたライン＆シリーズを用意しているのも「エトヴォス」の特徴。たとえば化粧水はビタミンC誘導体配合のニキビ対策ライン、美容液は保湿ライン、クリームはエイジングケアライン、などと組み合わせることも可能です。多くのアイテムを取りそろえ、良質な原料を使いながらも、パッケージをシンプルにするなどの工夫により、リーズナブルで洗練された商品を実現。さらに、無駄のない梱包など、環境への配慮も創業当時から当たり前のように行っています。

そんな、良質なスキンケアとクレンジング不要のミネラルメイク（→P.26）とのシナジー効果で、肌本来の機能を生かし、もっと美しく輝く自分へ──。「エトヴォス」のコンセプトは、本書で掲げる「石けんオフメイク＆知的スキンケア」の美肌理論とぴったりリンクしています。

VARIETY OF SKIN CARE

肌悩みに合わせて選べる豊富なラインアップ

モイスチャーライン
しっとり濃密な潤い肌を目指すライン。ヒト型セラミド、リピジュア®、ヒアルロン酸など、保湿力を重視した成分を贅沢に配合しています。

バランシングライン
ニキビ、肌あれ、乾燥によるくすみ、毛穴をトータルケアするライン。配合されたビタミンC誘導体がきめを整え、ハリのある健やかな肌に。

バイタライジングライン
「植物幹細胞エキス」に注目。たっぷりの潤いを与えてハリ・ツヤあふれる肌に導く、本格エイジングケアライン。

ウォッシングライン
セラミドやリピジュア®などの高保湿成分を配合し、洗い流した後も肌しっとり。潤いを保ちながら汚れを落とす洗顔＆角質ケアライン。

モイストバリアシリーズ
過酷な乾燥、肌あれシーズンの徹底バリア。潤いベールによるセカンドスキン形成で肌を保護し、ゆらぎを整えて、しっとり潤う肌へ。

ホワイトニングケア
美白有効成分のトラネキサム酸を配合。シミ・そばかすを防ぎ、乾燥によるくすみをケア。敏感肌に着目した薬用美白美容液。

UVケア
紫外線吸収剤を使わない、こだわりのノンケミカル処方。ミネラルの力で紫外線をしっかりカットし、肌を守り抜くアイテムがそろう。

美しい素肌を目指す
ナチュラルサイエンスな
スキンケア

保湿成分のセラミドを始め、ビタミンC誘導体や植物幹細胞エキスなど、健康な
肌を保つための整肌成分を配合したスキンケア。**A** 有効成分ビタミンC誘導体
を配合し、ニキビとシミ・そばかすの予防を同時に。薬用 アクネVC ローション
I [医薬部外品] 150mL ¥3800　**B** ブランド内で人気No.1の保湿美容液。5
種の保湿成分ヒト型セラミドを配合。モイスチャライジングセラム 50mL
¥4000　**C** 乾燥小ジワを目立たなくする目元・口元用のクリーム(効能評価試
験済み)。バイタライジングリンクルクリーム 15g ¥4500 ／すべてエトヴォス

Origin of a name	ドイツ語とラテン語を組み合わせた造語〝人と人とをつなぐ〟という意味。敏感肌に寄り添う商品で、人と人をつなぐ美しさを提供したいという想いを込めて。	Category	☑ ナチュラル／オーガニックコスメ ☑ 高機能コスメ ☐ ドクターズコスメ	Fit for	☑ 毛穴 ☑ 混合肌 ☑ ゴワつき ☑ 乾燥／くすみ ☑ ハリのなさ ☑ ゆらぎ
		URL	etvos.com		

MiMC

エムアイエムシー

肌を甘やかさずにきれいを磨く、攻めのスキンケア

「MiMC」は、本書の前身となる『クレンジングをやめたら肌がきれいになった』（小社刊）の著者であり、石けんオフメイク研究会の名誉会員である北島 寿さんがプロデュースするブランドです。北島さんがコスメを作り始めたきっかけは、理系の大学院で研究者を目指していた学生時代に化学物質過敏症を引き起こしたことから。治療の過程でマクロビオティックやミネラルコスメ、オーガニックコスメと出合い、化学物質と距離を置くことで健康な体と肌を取り戻します。そして2007年に「MiMC」をスタートし、2014年には界面活性剤フリーのスキンケアラインを発表。

北島さんが作るスキンケアのコンセプトは〝オーガニック×サイエンスで肌を甘やかさずに美しさを磨く、攻めのアプローチ〟。肌本来の美しくなろうとする機能をサポートし、化粧品に頼り過ぎない、強く理想的な状態へと整えます。例えば、保湿のために細胞間脂質のセラミドそのものを補うのではなく、セラミドを作る元となるオメガ3・6脂肪酸を与えることで、肌が潤うための後押しを。石油由来の合成成分や合成着色料＆香料、合成防腐剤などは使用しません。こだわって配合しているのは〝生体親和性〟の高い天然由来成分。ミネラルを含んだ温泉水や海洋深層水をベースにして、皮脂と構成が似たスクワランや、植物の恵みを丸ごと生かしたエキスを配合しています。精製水に成分を溶かすよりも、最初から栄養分がバランスよく含まれたもののほうが、肌なじみがいいという考え方です。

美容液と2本の化粧水、バームという「MiMC」流のスキンケアステップで、肌を甘やかさない攻めのスキンケアを。

PHILOSOPHY

1 天然成分へのこだわり

植物の皮や種まで含めた、全体の栄養分をいただく〝ホールフーズ発想〟。エキスのパワーを最大限に。

2 生体親和性に着目

ミネラルをたっぷり含んだ温泉水や海洋深層水、皮脂と構成が似たスクワランなどをベースに使用。

3 肌本来の可能性を信じる

肌本来の美しくなろうとする力、そのスイッチを押すようなアプローチ。

4 何を入れないか、に哲学

石油由来の合成防腐剤、合成着色料、合成香料、合成ポリマー、紫外線吸収剤などのケミカルは不使用。

HIT ITEMS

ロングセラーの人気アイテム

オーガニック原料をコールドプロセス製法で熟成。オメガフレッシュモイストソープ フランキンセンスブレンド 100g ¥2800 ／ MiMC

オメガ3・6脂肪酸を豊富に含むオイルなどをカプセル化。洗顔後に。オーガニックオメガチャージ 0.35mL×50カプセル ¥15000 ／ MiMC

果実や植物、海の恵み。
天然由来成分のパワーを
丸ごと肌に届ける

北島さんのスキンケア哲学が凝縮された4品。植物のエキスが贅沢に配合された美容液3〜4滴で洗顔後の肌を整え、生体親和性の高い海洋深層水や温泉水をベースに植物エキスを配合した化粧水2本で潤いをチャージ。再び美容液を1〜2滴重ね、仕上げに、プロポリスエキスなどの美容成分を配合したなめらかなバームで潤いを閉じ込める。**A**美しく引き締まったハリ肌へ。ナチュラルトリートメントアップチャージ30mL ¥12000 **B**10種の果実のエキスとハーブエキスを配合。フレッシュに潤いチャージ。ビューティービオファイター ピュアフルーティー125mL ¥3700 **C**植物発酵エキスを配合し、ふっくらハリ感を与える。ビューティービオファイター プリンセスケア125mL ¥5000 **D**クリームの肌なじみとバームの保湿力を両立。メイク下地にも。エッセンスハーブバームクリーム8g ¥3800／すべてMiMC

Origin of a name	〝Mineral Make Cosmetic〟の頭文字をとり「MiMC」と命名。女性の肌をミネラルコスメで輝かせたいという思いが込められています。	Category	☑ ナチュラル／オーガニックコスメ ☐ 高機能コスメ ☐ ドクターズコスメ	Fit for	☑ 毛穴 ☐ 混合肌 ☑ ゴワつき ☑ 乾燥／くすみ ☑ ハリのなさ ☑ ゆらぎ
		URL	www.mimc.co.jp		

Obagi

オバジ

エキスパートが作るビタミンC配合コスメで毛穴悩みと闘う！

　読者の悩みTOP1である「毛穴」対策には、なにはなくともビタミンC配合コスメ、そして角質ケア。P.62～の章で解説した、トラブル肌のためのおすすめアイテムがそろっているのが、スキンケアブランド「オバジ」の、ピュアビタミンCを配合した「オバジC」シリーズです。

　中核は、ピュアビタミンC（アスコルビン酸）を配合した美容液。化粧品に配合されるビタミンCの多くは安定性の高い「誘導体」で、ピュアビタミンCには肌へのメリットがある反面、安定性を保つのが難しいという弱点があります。さらに、ピュアビタミンCは効果にこだわって高濃度に配合するほど、安定性の面で処方は困難を極めます。

　2001年に初めて、ピュアビタミンC配合美容液を開発した「オバジC」シリーズ。〝悩みの多い肌をビタミンC配合

コスメで救いたい〟、という一心で何度も改良を重ね、浸透感や肌実感、毛穴へのアプローチを強化。ついに2019年、ピュアビタミンCを高濃度に配合、さらにビタミンE（トコフェロール）や植物エキスのオリジナル複合成分を配合した「オバジC25 セラム ネオ」が完成し、大きな話題を集めました。

　そんな「オバジC」シリーズを、まずは気軽に試したいなら、ピュアビタミンCと即攻型ビタミンC（3-O-エチルアスコルビン酸）を配合した「オバジC セラムゲル」がおすすめ。保湿成分もしっかり配合してパック効果があり、洗顔後はこれ1品でもOK。さらに、古い角質や角栓をオフする洗顔料「オバジC 酵素洗顔パウダー」を組み合わせれば、ざらつきや黒ずみ、詰まりなどに悩む毛穴にアプローチ。シンプルかつリーズナブルなお手入れが叶います。

STAR ITEM

**ピュアビタミンC高濃度。
「オバジ」の真髄**

開発構想15年という「オバジC」シリーズ最高濃度の美容液。潤いを与え、毛穴、きめ、くすみ、乾燥小ジワ、ハリという肌の5大悩みに応える。発売1年で50万本突破というヒット作！　オバジC25 セラム ネオ 12mL ￥10000／ロート製薬

「オバジC」のお手入れは
この2品でスタート

A ピュアビタミンCと、2種の酵素（プロテアーゼ、リパーゼ）を配合した、パウダー状の洗顔料。古い角質と皮脂を分解することでざらつきをオフし、毛穴がつるん！毎日使える。オバジC 酵素洗顔パウダー 0.4g × 30 個 ¥1800　**B** さまざまな肌悩みの切り札であるビタミンC配合コスメを、多くの方に気軽に体験してほしいという願いを込めて、2020年に誕生。ビタミンCをダブル配合し、洗顔後はこれ1品でもOK。オバジCセラムゲル80g ¥4000 ／ともにロート製薬

Origin of a name	アメリカのスキンケア研究の権威である、ゼイン・オバジ氏の名前から。彼が提唱する〝肌再生理論〟を大切にし、より質の高い美肌を目指すブランドです。

Category	☐ ナチュラル／オーガニックコスメ
	☑ 高機能コスメ
	☑ ドクターズコスメ
URL	www.obagi.co.jp

Fit for	☑ 毛穴
	☐ 混合肌
	☑ ゴワつき
	☑ 乾燥／くすみ
	☑ ハリのなさ
	☐ ゆらぎ

ORBIS U

オルビスユー

細胞に潤いを巡らせる！　いきいき肌のためのシンプルケア

「ここちを美しく。」2018年から「オルビス」が掲げているブランドメッセージです。美しさとは、人が自分らしく、ここちよくいられるときに宿るもの。オルビスは感触や気分などの「ここちよさ」を、単なる感覚ではなく科学で裏づけし、新しい視点からの美しさを提案しています。

そのメッセージを象徴するエイジングケアシリーズ「オルビスユー」は、肌の中の水を巡らせる力に着目。その力が低下して水が巡りにくくなると、肌はしぼんだ印象になり、乾燥やハリの低下、毛穴の目立ちなどのエイジングサインが現れるという理論です。以前よりも肌の乾燥が気になる。何となく肌がしぼみがち。乾燥によるくすみが気になる……。そんな悩みは、水の巡りの悪さが原因かも!?

肌の水の巡りを整えるカギとして、オルビスが着目した

のは「アクアポリン」。肌の細胞膜に存在する、細胞同士の水の通り道です。ストレスや加齢によってアクアポリンが減少すると、細胞の内部が潤い不足になり、機能が低下。肌（角層）全層に存在する、このアクアポリンにアプローチすべく、オルビスユーには独自成分の「キーポリンブースター」を配合。肌を潤いで満たし、毛穴の目立たない内側から押し返すようなハリ肌へと導きます。

おすすめしたいのは、基本のスキンケア3品。化粧水のなじみを高め、水が巡る環境を整える洗顔料と、肌の上でばしゃっと弾けるとろみ化粧水、潤いとハリの膜を形成するスフレテクスチャーの保湿液。油分に頼らないさらっとしたテクスチャーで肌がふっくらと潤うので、ベタつきや毛穴が気になる方でもここちよく使えるはずです。

CONCEPT

美しい肌は、細胞に潤いが巡っている

ストレスや加齢などによってアクアポリンが減少すると、細胞に潤いが巡らなくなり、しぼんでふっくら感がない状態に。細胞に水が巡っている肌は、ふっくらとハリがあり、潤いとツヤ、透明感にあふれます。

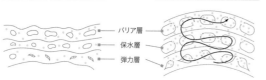

水が巡らない肌はしぼみがち　　水が巡る肌はふっくらみずみずしい

バリア層
保水層
弾力層

KEY INGREDIENTS

潤いを巡らせる「キーポリンブースター」

「オルビスユー」独自の「キーポリンブースター」とは、アマモエキス、モモ葉エキス、ヤグルマギク花エキスのこと。植物のエキスは、肌本来の美しさを支える力を秘めています。

アマモエキス　　モモ葉エキス　　ヤグルマギク花
エキス

潤いで毛穴の目立たない
ハリ肌へ整える３ステップ

A 洗い流されず肌に残り、後につける化粧水を引き込む働きをもつハイドロキャッチ成分（ポリクオタニウム-7）を配合した〝ブースター洗顔〟。オルビスユー ウォッシュ120g ¥1800 **B** ジェルのようなとろみ感触が、肌になじませるとぱしゃっと弾けてここちよくなじむ〝とろぱしゃ化粧水〟。オルビスユー ローション 180mL ¥2700 **C** ふんわりとスフレのように軽やかなテクスチャーが肌にしっくりなじみ、潤いを閉じ込めてハリの膜を形成する〝吸着型保湿液〟。オルビスユー モイスチャー 50g ¥3000／すべてオルビス

Origin of a name	「U」の意味は、YOU＝あなた。あなたの内側に眠る美肌力を引き出し、無限の可能性を秘めた人生のストーリーに寄り添いたいという願いが込められています。	Category	□ ナチュラル／オーガニックコスメ ☑ 高機能コスメ □ ドクターズコスメ	Fit for	☑ 毛穴 □ 混合肌 □ ゴワつき ☑ 乾燥／くすみ ☑ ハリのなさ □ ゆらぎ
		URL	www.orbis.co.jp		

SKINCARE FACTORY

スキンケアファクトリー

毛穴に悩む肌へ、フレッシュなビタミンCを存分に届ける

　毛穴が引き締まり、混合肌もケアしてくれて、さらには
くすみケア、ハリを与える効果も。知的スキンケアにマス
トな美容成分といえば、ビタミンCです。「スキンケアファ
クトリー」は、医療機関専用のビタミン配合コスメの取り
扱いからスタートし、ビタミンCを新鮮な状態で肌にたっ
ぷり届けることにこだわっているブランド。

　「ビタミンCには高い抗酸化作用を始めとするさまざまな
美肌効果がありますが、最大の弱点は、不安定で効果を維
持できないことです。特に水に溶かすと酸化や分解が速く
なり、本来の力を失ってしまいます」と話すのは、「スキン
ケアファクトリー」代表取締役の高見 太さん。ビタミンC
一筋で何年も試行錯誤を重ねてきた高見さんがたどり着いた
結論は、ビタミンC誘導体を使う直前に水で溶かす方法。

　「角層への浸透性に優れ、医療機関でも長く使われてきた実
績があるリン酸型ビタミンC誘導体を、精製水やローション
と別々にして、セットで製品化したのが『myEVERY』シリー
ズです。ビタミンCの効果を肌にきちんと届けるために、高
濃度にこだわり、その他の保湿成分などは極力使用しませ
ん。肌が飲み干すような浸透感と、ビタミンC独特のさら
さらとしたつけ心地を楽しんでいただけると思います」

　ミストローションやシートマスクでビタミンCを肌に届
けたら、仕上げに使いたいのがビタミンE誘導体配合のジェ
ル。「ビタミンEにはビタミンCの働きをサポートする効果
があります。保湿やエイジングケア作用もあり、2ステップ
で肌に必要な成分を充分に補給することができます」。ベタ
つきがないので、混合肌のスキンケアにもおすすめです。

KEY PERSON

ビタミンC一筋！
代表の高見 太さん

医療機関の院内処方
ビタミンCコスメと
一般のビタミンCコ
スメとの差を埋める
べく、効果を追求した
製品作りに尽力。誠
実なお人柄で、よりよ
い製品を目指し、常に
研究を怠らない。

HIT ITEM

メイクや汚れ、古い角質を
肌に残さない洗顔フォーム

ミネラルコスメや汚れ
を一度にオフできる泡
洗顔料。洗浄成分に純
石けんを使用。my
EVERY スキンケア
フォーム プラス 200mL
¥3600 ／ スキンケア
ファクトリー（2020年
10月2日発売）

FOR BIGINERS

初心者におすすめの
ビタミンCマスク

ビタミンC特有のつっ
ぱり感を抑えたマイ
ルドな感触ながら、マ
スクによる浸透力で
毛穴を引き締める。
myEVERY フレッ
シュCマスク3.3（3
セット）¥2000／ス
キンケアファクトリー

毎日使える手軽なミストと
手応えありの高濃度マスク

医療機関でも使われるリン酸型ビタミンＣ誘導体を２種（アスコルビルリン酸Na、リン酸アスコルビルMg）使用。**A** 白い容器の中にはビタミンＣ誘導体とコイン形マスクが。精製水を加えるとビタミンＣ濃度5.5％のマスクが完成。myEVERY フレッシュＣマスク（1セット）￥800　**B**ビタミンＣ誘導体3％。ローションを混ぜて２カ月以内に使用。スプレータイプで使いやすい。同＋Ｃローション 60mL ￥3500／ともにスキンケアファクトリー

お手入れの仕上げには
ビタミンＥのぷるぷるジェルを

ビタミンＥ特有のベタつきを解消した、水溶性ビタミンＥ誘導体（TPNa）を2％配合。ビタミンＣケアの仕上げに重ねて。もっと潤いが欲しい場合はこの後クリームなどを。myEVERY ＋Ｅエッセンスジェル 40g ￥3300／スキンケアファクトリー

Origin of a name	笑ったり、泣いたり、頑張ったり、凹んだり。そして大切な肌にはビタミンＣを。そんな「毎日を、シンプルに、ちゃんと生きる」ということをテーマにしたブランド。

Category	☐ ナチュラル／オーガニックコスメ
	☑ 高機能コスメ
	☐ ドクターズコスメ
URL	https://skincare-factory.com

Fit for	☑ 毛穴
	☑ 混合肌
	☐ ゴワつき
	☑ 乾燥／くすみ
	☑ ハリのなさ
	☐ ゆらぎ

TAKAMI

タカミ

〝代謝〟に着目。正しい角質ケアで、すべての肌を健やかに

　乾燥したりゴワついたり、毛穴が目立ったり、くすみやハリのなさが気になったり……。さまざまな肌悩みの根源には、肌の生まれ変わりの乱れがある、というのが「タカミ」の考え。美容皮膚の専門家が、のべ20万人以上の肌と向き合った経験をもとに導き出した結論です。

　肌は、見た目にわからなくても毎日少しずつ代謝しています。今から数カ月も経てば、表皮の細胞は丸ごと生まれ変わっているのです。その生まれ変わりのことを〝代謝〟と呼び、代謝のリズムは遅くても早すぎてもいけません。とはいえ、加齢や乾燥、ストレスなどの影響により、現代人の代謝のリズムは乱れがちです。そこに着目して誕生したのが、角質美容水「タカミスキンピール」です。

　「スキンピール」という名前から、肌を剝がす？　刺激が強い？　と思われがちですが、実はまったくの誤解。肌を剝がすものではなく、表皮が本来もつ代謝の機能に着目したアイテムです。洗顔後の肌になじませると、角層へすっと吸い込まれるように浸透し、刺激を感じることはまず、ありません。角層の生まれ変わりを考慮し、強すぎても弱すぎてもいけない絶妙な境界線を見つけ出し、唯一無二のバランスで組まれた処方。その優しさは、美容皮膚の現場で長年使われてきていることからも明らかです。

　何か特定の肌悩みをターゲットに使うスペシャルケアではなく、毎日、洗顔後になじませるルーティンケア。でも、日々使うたびに角層が整い、なめらかでふっくらとやわらかな肌に整っていくのを感じられるはず。そんなお手入れによる健康な肌こそが、実は美しさの本質なのです。

FAMILY ITEMS

ボディとリップの角質ケアも

左：角質ケア効果と保湿効果を兼ね備えた、高機能ボディ用美容ゲル。全身すべすべの、自信に満ちた肌へ。タカミスキンピールボディ 200g ¥5600　右：繊細で無防備、代謝が早いという、唇特有の構造に着目した唇用美容液。リップケアや口紅の下地として、1日に何度も塗って。タカミリップ 7g ¥2200 ／ともにタカミ

LOTIONS

スキンピールの後に使いたい、
こだわりの化粧水

「タカミスキンピール」を使った後の肌に必要な機能を追究して作られた、白濁タイプの美容化粧水。必要な潤いと美容成分を角層にたっぷり浸透させ、なじませ、留めるというこだわりの処方。0は軽やかなとろみでベタつきやすい肌に。Iはまろやかなとろみで乾燥もベタつきも気になる肌に。IIは濃厚なとろみで特に乾燥が気になるときや、濃密なハリ感が欲しいときに。左から：タカミローション 0、I、II 各120mL ¥3800 ／すべてタカミ

美肌の根源である代謝に着目した
洗顔後すぐの化粧液

洗顔後の肌になじませるだけで、角層を整えるスキンケア。肌を無理に剝がしたり負担をかけたりすることなく、トラブルの起こりにくい健康な肌へと導く。水のようにさらっとしたテクスチャーを顔全体になじませた後、3分おいてから化粧水を重ねて。タカミスキンピール 30mL ¥4800／タカミ

| Origin of a name | ブランドができるきっかけとなった「タカミクリニック」の名称が、そのままブランド名に。キーカラーのブルーと、美しい横顔をイメージしたロゴがトレードマーク。 | Category | ☐ ナチュラル／オーガニックコスメ
☐ 高機能コスメ
☑ ドクターズコスメ | Fit for | ☑ 毛穴
☐ 混合肌
☑ ゴワつき
☑ 乾燥／くすみ
☑ ハリのなさ
☑ ゆらぎ |
| | | URL | www.takami-labo.com | | |

DECENCIA

ディセンシア

ストレス社会の敏感肌を、科学の力で強く、美しく

　敏感肌だから、優しくしてあげないとダメ。ゆらぎやすい肌は、きれいになることができない —— 。そんな固定観念を打ち破る〝敏感肌は、どこまでも美しくなれる。〟というキャッチコピーを掲げ、ゆらぎやすい肌をもつ多くの女性たちから熱烈な支持を得ている「ディセンシア」。

　スタートは、敏感肌を外部刺激から守る、ひとつの特許技術。敏感肌は、表面の角層に存在する細胞間脂質が不足していたり、角層細胞が未熟だったりして、美肌の要である〝バリア機能〟が乱れた状態。その角層を、「ディセンシア」の特許技術「ヴァイタサイクルヴェール®」という膜で包み込み、擬似的な角層の役割をもたせることで、外部刺激をブロックします。肌の潤いが保たれるので、乱れがちだったターンオーバーが整い、本来のバリア機能を備えた健康

な角層へ。つまり、敏感肌をただ守るだけでなく、強く美しい肌へと羽ばたかせる力を秘めているのです。

　エイジングケア「アヤナス」シリーズのクリームにも、この技術が搭載されています。それだけでなく、〝ストレスがかかると肌があれる〟という、敏感肌に限らず多忙な現代人の多くが感じている現象にアプローチ。ストレスや睡眠不足による肌あれと、皮膚温の低下による表皮の乱れとの関連性を見出しました。そして、角層のバリア機能をキープする植物や海藻由来のオリジナル複合成分「ストレスバリアコンプレックス®」を開発。すべてのアイテムに配合しています。

　ゼラニウムやラベンダーの自然な香りはリラックスした状態を誘い、ストレスから解放されるよう。繰り返す乾燥や敏感肌と決別したい人の、頼もしい味方に！

STRESSED SKIN

ストレスによって起こるさまざまな肌不調

ストレスや睡眠不足により、皮膚の温度は低下。角層のすぐ下の顆粒層にある「タイトジャンクション」という、水分やCaイオンの過剰な流出を防ぐ組織が働きにくくなり、角層のバリア機能が低下してトラブルを招く。

リラックスした状態の肌。オレンジの色は皮膚温が高いという証。

PC作業などのストレスを与えると、血行不良により皮膚温が低下。

バリア機能低下 → シミ

バリア機能低下 → エイジング

※ポーラR＆M研究所調べ

OTHER 2 SERIES

3つのシリーズがそろう「ディセンシア」

ストレスによるシミに着目した美白ケアの「サエル」シリーズは全4品（写真はサエル ホワイトニング エッセンス コンセントレート EX［医薬部外品］36mL ￥7500／ディセンシア）。

エイジングなど多様な肌悩みを全方位からケアする、プレミアムな「ディセンシー」シリーズは全4品（写真はディセンシー エッセンス［医薬部外品］30g ￥12000／ディセンシア）。

保湿や優しさにとどまらない、攻めのエイジングケア

独自複合成分「ストレスバリアコンプレックス」により、角層のバリア機能をサポート。さらに、それぞれのアイテムに潤いやハリを与える成分を配合。ボトルの赤は女性のエネルギーを表し、斜めカットのキャップには "敏感肌を断ち切る" という思いが。**A** ナノカプセル化したセラミドを配合。アヤナス ローション コンセントレート 125mL ¥5000 **B** 有効成分の D- リンクルアミドを配合。顔全体のシワを改善する美容液。アヤナス リンクル O/L コンセントレート[医薬部外品] 30mL ¥6500 **C** 潤いバリアを形成し、強い肌へ。アヤナス クリーム コンセントレート 30g ¥5500 ／すべてディセンシア

▶DECENCIA の代表取締役、山下慶子さんのインタビューが P.112 に。

Origin of a name	"decency" (品位・品格) と "ia" (ラテン語で女性名詞) を組み合わせた造語。大切なことを大切に。敏感肌専用の化粧品ブランドとして、肌と向き合い、美しさを追求します。

Category	
☐	ナチュラル／オーガニックコスメ
☑	高機能コスメ
☐	ドクターズコスメ

URL	www.decencia.co.jp

Fit for	
☑	毛穴
☐	混合肌
☐	ゴワつき
☑	乾燥／くすみ
☑	ハリのなさ
☑	ゆらぎ

Dr.K

ドクターケイ

ビタミン C で美肌力アップ！ 毛穴をいたわるスキンケア

ビタミン C の臨床研究を 30 年以上行い、論文も多数執筆している医学博士・皮膚科専門医の亀山孝一郎先生と共同開発している「ドクターケイ」。ビタミン C 誘導体と、その効果をサポートする各種ビタミンを独自の比率でブレンドした「カクテルビタミン®」配合のスキンケアアイテムで、毛穴や混合肌、大人のニキビといった肌悩みに応えます。

亀山先生が提唱している、ビタミン C を主軸とした説得力のあるスキンケア理論には、直接取材を重ねている石けんオフメイク研究会も深く影響を受けています。「ドクターケイ」には読者の皆さんにおすすめしたいアイテムがいっぱい！ ここでは、その中の代表的な 4 品をご紹介します。

まずは、メイクや皮脂、古い角質などの汚れを一度にすっきり落とす「ケイクリアソープ」。ビタミン C 誘導体、ビタミン E 誘導体、ビタミン B 群に加え、植物由来の美容成分も配合し、毛穴をケアしながら優しく洗い上げます。洗顔後の肌には、ブースター美容液「ケイコントロールエッセンス」を。乾燥していても年齢を重ねた肌でも、皮脂は分泌されていて、それが毛穴に刺激を与え、目立たせる一因となっている……という事実に着目。皮脂と角質、ハリのトリプルケアで、なめらかな肌へと導きます。

美容マニアにも熱烈なファンが多いのが、サプリメントのような化粧水「ケイカクテル V ローション」。12 種のビタミンを配合し、角層にしみわたるようにぐんぐん浸透して、潤いとハリをチャージ。さらなる美肌を追求したい方は、仕上げに、こっくり感触で美容成分リッチな「ケイカクテル V プレミアムクリーム」を使うのがおすすめです。

KEY PERSON

亀山孝一郎先生共同開発の
スキンケア

医学博士・皮膚科専門医であり、東京・青山にある「青山ヒフ科クリニック」の院長。ビタミン C について長年研究を重ね、監修を務めた書籍『毛穴道』(講談社)も大ヒット。

HIT ITEM

カクテルビタミン配合の
スペシャルクリーム

ビタミン A や C を含むカクテルビタミン®に加え、植物幹細胞エキスなどを配合し、エイジングサインにアプローチ。ケイカクテル V プレミアムクリーム 30g ¥16000 ／ドクターケイ

この３ステップで、知的な毛穴ケアの基礎が整う

毛穴や大人のニキビに悩む方に熱烈なファンが多い３品。**A** メイク汚れをしっかり包み込んでオフ。洗い上がりはさっぱり。ケイクリアソープ 標準重量80g ¥3500 **B** さらっとした感触で肌に吸い込まれるようになじみ、皮脂と古い角質をケア。ゆらぎやすい肌でも使える優しい感触。ケイコントロールエッセンス 20mL ¥7500 **C** 肌に与えるマルチビタミンのような贅沢処方。フレッシュなつけ心地ながら潤いが持続。ケイカクテルＶローション 150mL ¥7000 ／すべてドクターケイ

Origin of a name	共同開発者である亀山孝一郎先生のイニシャルが由来。ブランドロゴのオレンジは、ビタミンカラーをイメージ。白とシルバーの容器はクリニカルな印象です。	Category	☐ ナチュラル／オーガニックコスメ ☐ 高機能コスメ ☑ ドクターズコスメ	Fit for	☑ 毛穴 ☑ 混合肌 ☑ ゴワつき ☑ 乾燥／くすみ ☑ ハリのなさ ☐ ゆらぎ
		URL	www.doctork.jp		

RAIZ

ライース

肌本来の潤う力を改善する「ライスパワー®No.11」の力

　私たち石けんオフメイク研究会がなぜ、クレンジング不要の石けんオフメイクを提案しているのか？　理由は、強過ぎるクレンジング料やダブル洗顔によって、肌が本来もつ〝バリア機能〟が損なわれ、あらゆる肌トラブルの原因になるからです。バリア機能とは、肌表面の角層が外部刺激から肌を守る力のこと。角層の細胞と、細胞の隙間を埋めて潤いを保つ細胞間脂質、どちらもよい状態であることが重要です。お手入れをしても肌の調子がなかなかよくならない場合、バリア機能が乱れている可能性が大です。

　香川県の勇心酒造が着目したのは、まさにその点。日本に古くから伝わる〝米〟の醸造発酵技術に先端のバイオテクノロジーを融合させ、さまざまな種類の「ライスパワー®エキス」を開発する中で、表皮に働きかけて角層細胞を健全

に整え、セラミドなどの細胞間脂質を増やす働きをもつ「ライスパワー®No.11」を開発。〝皮膚水分保持能の改善〟という唯一無二の働きをもつ成分として、医薬部外品の有効成分として承認されています。

　「洗い過ぎず、適度に保湿して肌のバリア機能を守る」というお手入れにライスパワーNo.11をプラスすれば、角層の代謝が健やかになり、それにより細胞間脂質の生成力が高まって肌本来のバリア機能が整います。肌トラブルの原因そのものを防ぐ、本質的なスキンケアを実現するのです。

　勇心酒造のブランド「ライース®」にはライスパワーNo.11配合のアイテムがいくつかありますが、まず試すなら「リエイジング®エッセンス」。洗顔後の肌になじませるだけなので、いつものお手入れにプラスしやすい点も魅力です。

RICE POWER No.11

「ライスパワー®No.11」の働きって？

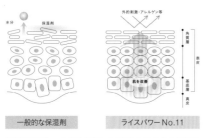

| 一般的な保湿剤 | ライスパワー No.11 |

肌悩みに対し、外側から潤いを角層に与えることで乾燥に対処するのが一般的な保湿剤。それに対してライスパワーNo.11は表皮の奥の基底層まで浸透し、表皮細胞に働きかけて、肌が本来もつ水分保持能を改善します。

RICE POWER No.11 ITEMS

他にもある、「ライスパワー®No.11」配合のアイテム

A〜Eは本格エイジングケアシリーズ「ライースリペア」のベーシックケア（A〜C）とスペシャルケア（D・E）。FはライスパワーNo.11を初めて配合したクリーム。A ライースリペア インナーモイスチュアローション No.11［医薬部外品］120mL ¥8000　B ライースリペア インナーモイスチュアエッセンス No.11［医薬部外品］30mL ¥10000　C ライースリペア インナーモイスチュアクリーム No.11［医薬部外品］40g ¥8000　D ライースリペア コンセントレーション D［医薬部外品］30mL ¥13000　E ライースリペア コンセントレーション W［医薬部外品］30mL ¥13000　F アトピスマイル®クリーム［医薬部外品］25g ¥2500／すべて勇心酒造

肌の水分保持能の改善が
若々しい美肌の第一歩

ライスパワー No.11 を表皮の奥まで届けて、
皮膚の水分保持能を改善する美容液。洗顔後
すぐの肌になじませて。さらっと軽いテクス
チャー。ライース リエイジングエッセンス[医
薬部外品] 50mL ¥5000 ／勇心酒造

●勇心酒造の常務取締役、徳山孝仁さんのインタビューが P.114 に。

Origin of a name	スペイン語で根本を意味する言葉 "raiz"。ただ与えるだけのケアでなく、根本からきれいであることを大切に、土台から健やかな肌作りを提案するブランド。	Category	□ ナチュラル／オーガニックコスメ ☑ 高機能コスメ □ ドクターズコスメ	Fit for	□ 毛穴 ☑ 混合肌 ☑ ゴワつき ☑ 乾燥／くすみ ☑ ハリのなさ ☑ ゆらぎ
		URL	www.ricepowershop.jp		

@sekken_official に寄せられた、
細かい疑問に答えます！

Q&A

公式 Instagram @sekken_official で、本書の制作期間中に
石けんオフメイクとスキンケアにまつわるお悩みを募集しました。
すべてにお答えするのは無理でしたが（ごめんなさい！）、
できる限り多くの質問にお答えします。

答えた人
会員 No.6
大塚真里 エディター
→プロフィールは P.62

メイク編　MAKEUP Q&A

Q1 石けんオフメイクを始めたいけれど、何から始めたらいいかわかりません。

A 広い面積につけるベースメイクやチークを石けんオフにすると、魅力がよくわかります。その場合、アイメイクやリップだけポイントメイクリムーバーで落としてから、顔全体を石けん洗顔してください。

Q2 T ゾーンのテカリやくずれを防ぐには？

A テカリや毛穴落ちを防ぐ部分用下地（→P.56、58）を取り入れてみて。メイクの仕上げに、T ゾーンにだけフェイスパウダーを多めにつけるのもおすすめです。

Q3 ファンデーションが粉を吹きます。どうしたらいいですか？

A スキンケアの仕上げにクリームを使ったり、しっとりタイプのメイク下地に替えてみましょう。日中粉を吹いてしまったときは、しっとりした BB クリーム（→ P.52）をメイクの上から指でなじませるのがおすすめ。

Q4 石けんオフコスメで、キラキラの強いグリッターや濃い色のリップはありますか？

A P.37 でキラキラメイクや濃い色リップ、P.49 でブラウンリップをご紹介しているのでぜひ参考に。メイクの上からプラスできる、キラキラの強いグリッターもあります。

大粒のグリッター。オンリーミネラル ミネラルピグメント ダイヤモンドグリッター ¥1800 ／ヤーマン

Q5 シミを隠すために
ファンデーションを厚めに塗ると、毛穴が目立ちます。どうしたら？

A 顔全体を厚塗りするのではなく、シミの部分だけにコンシーラーを使った方が自然にカバーできます。スティックタイプのコンシーラーを、ファンデーションの上から気になる部分に重ねて。

シミやニキビ痕、小鼻の赤みを自然にカバー。ミネラルシルクコンシーラー ¥2300 ／ヴァントルテ

Q6 石けんオフメイクは、汗をかくとすぐにくずれます。対策はありますか？

A　肌に密着するシリコーンや油性のポリマーが配合されていない石けんオフコスメは、どうしても汗に弱いもの。ベースメイクの仕上げに、色がつかないタイプのフェイスパウダー（→ P.60 エトヴォス）を押さえるようにつけるのがおすすめです。また、眉はパウダーとペンシルのダブル使いでくずれにくく。チークはクリームタイプの方が汗に強く色もちがよいです。

Q7 カバーするほど、ツヤがなくなります。どうしたらツヤを出せますか？

A　メイクの仕上げに、ツヤを出したい部分にハイライト（→ P.32 ヴァントルテ、エトヴォス、オンリーミネラル）を重ねるのがおすすめ。ハイライトがない場合はリップクリームを指で薄くのせても。

Q8 石けんオフメイクは、50歳すぎてから始めてもよいものでしょうか？

A　10代でも70代でも、いくつから始めてもいいと思います！　ぜひ、楽しんでください。

Q9 メイクがマスクにつくのを防ぐ方法はありますか？

A　Q6と同様に、色のつかないフェイスパウダー（→ P.60 エトヴォス）を最後につけてさらっとさせると、幾分つきにくく。チークはクリーム、リップはペンシルやマットタイプが色移りしにくいです。

Q10 敏感肌です。まず何から石けんオフメイクを始めたら？

A　ミネラル100％のルースファンデーション（→ P.59、P.61 オンリーミネラル）なら、刺激や負担がかかりません。ポイントメイクもミネラル100％のルースパウダータイプがおすすめ。

Q11 ニキビにコンシーラーを塗っても大丈夫ですか？

A　油分が多いコンシーラーを重ねると、悪化することもあります。ニキビケア＆カバー用のパウダータイプを使ってみて。

オンリーミネラル 薬用コンシーラー アクネプロテクター［医薬部外品］SPF20・PA++ ¥2300／ヤーマン

Q12 どのコスメが石けんオフなのか、見分け方がわからないです！

A　商品パッケージには「石けんオフ」と明記されていないことも多いです。「ミネラル100％」「ミネラルと天然由来成分100％」と表示されているものは石けんで落とせます。また、シリーズ書籍『クレンジングをやめたら肌がきれいになった』『肌がきれいになる石けんオフメイク』に掲載のアイテムは、すべて石けんオフコスメです。

Q13 毎日石けんオフメイクをしたいのですが、カバー力が……。カバー力が高いアイテムってありますか？

A　シリコーンやポリマーを配合していない石けんオフコスメは、一般品と比べてしまうと、どうしてもカバー力に限界があります。P.52でご紹介した、重ね使いでカバー力を上げるテクがおすすめです。

Q14 ナチュラル＆オーガニックブランドのメイクコスメなら、すべて石けんで落ちますか？

A　天然由来の油分の中にも肌にしっかり密着するものがあり、それらを使ったアイテムの中には処方によって落ちにくいものがあるようです。また、自然派をイメージとして打ち出しているブランドもあったりして、ナチュラル＆オーガニック＝石けんオフとは限りません。気になる場合はブランドに問い合わせを。

Q15 環境問題が気になっています。石けんオフメイクは環境保護につながりますか？

A　ミネラルや天然由来成分の配合比率が高い石けんオフコスメを生分解性の高い（界面活性剤が水や微生物で分解される）石けんで落とすことは、環境破壊の軽減の一助になるといえます。

Q16 石けんオフコスメを使って石けんで洗顔しているのですが、メイクがうまく落とせないです。どうして？

A　石けんオフコスメは少しずつ改良され、化粧もちがよくなっているので、その分うまく落とせないこともあるようです。
また、本書ではくずれ防止やカバー力アップのためにメイクアイテムの重ね使いを推奨していますが、リキッドやクリームにパウダーを重ねると、密着して落ちにくくなります。石けんオフコスメブランドに取材した中で、多くの方が実践していたのが、顔をぬらさず石けんの泡をのせること、落ちにくいポイントメイクにはベビーオイルやフェイシャルオイルなどの保湿オイルをなじませ、ふやかしてから洗うことの2点。他にも教わったテクニックをご紹介します。落とそうとしてゴシゴシこするのは何より肌によくないので、落ちにくいメイクについては、オイルなじませテクを活用してください。

メイク落ちをよくする方法

- 顔をぬらさずに泡をのせる
- 落ちにくいポイントメイクにはフェイシャルオイルをなじませ、20〜30秒おいてから洗顔
- 顔全体、もしくはメイクが落ちにくい部分に泡をのせて20〜30秒おく
- 小鼻の脇や目頭など、凹んだ部分には指の腹で丁寧に泡をなじませる
- 石けんをさっぱりタイプに替えてみる

Q17 洗顔した後、ラメのキラキラやコンシーラーが残っていた場合はどうしたらいいですか？

A　乳液や美容オイルをコットンに含ませて、優しく拭き取りましょう。2回洗顔をする必要はありません。

Q18 石けんオフコスメブランドに、クレンジング料があるのはなぜ？

A　いくつかのブランドに問い合わせたところ「どうしてもクレンジングをしたい顧客のために、肌に負担がかかりにくい処方で作っている」との回答でした。

Q19 ときどき石けんで落ちないコスメを使うので、肌に優しいクレンジング料を知りたいです。

A　ダブル洗顔不要で、肌の潤いを奪いにくいジェルタイプのクレンジング料がおすすめです。オイルや拭き取りタイプは避けて。

メイクと肌の汚れを一度にオフして、さっぱり洗い上げるクレンジングジェル。左：ケイカクテルVクレンジングジェルクリーム 150g ¥3500／ドクターケイ　右：アウナ マイルドホットクレンジングジェル 200g ¥3200／ロート製薬

Q20 ドラッグストアの **安い石けん**を 使うのはダメですか？

安価な石けんには機械練りのものが多いですが、メイクを落とすという点においてはまったく問題ありません。ただ、機械練り製法の場合、美容成分はほとんど配合できないので、キュッとつっぱるような洗い上がりのものもあります。

Q21 石けんオフメイクを 始めて1カ月、 鼻やあごの毛穴に プツプツと白い角栓が。 もしかして 汚れ落ちが悪い？

「石けんオフにしてから角栓が気になる」という声を、よくいただきます。クレンジング料はしっかり付着したメイクを落とすほど洗浄力が高く、さらにダブル洗顔もするので、石けん洗顔1回よりも毛穴の汚れが落としやすいのは事実です（その分、肌に必要な潤いも奪ってしまいがちなのが問題）。石けんオフには必ず角質ケア（→P.66）を組み合わせることをおすすめしています。角栓の正体は皮脂と古い角質などが混ざったものなので、角質ケアを取り入れると、日々少しずつ角栓を取り去ることができます。

Q22 **確実に** メイクが落ちたか 確認する方法 はありますか？ 鏡でじっくり見ているのですが、 わかりません……。

鏡できめや毛穴の凹凸、目元などをじっくり観察し、メイクらしきものが見当たらないなら、落ちています！ また、ミネラルコスメはもし落とし残しがあっても毛穴を詰まらせるものではないので、肌に悪いことはありません。気にしてこすり落とすほうが肌の負担に。

Q23 **クレンジングをした方が、** 肌の汚れが よく落ちるのでは？

Q.21で回答したように、クレンジング料は洗浄力が高く、特にクレンジングオイルは石けんよりも毛穴の汚れを落とす力が高いです。ただし、強すぎる洗浄力は肌のバリア機能を乱し、肌あれや老化の原因になります。肌が丈夫な方が短時間でクレンジングをする分には問題ありません。マッサージなど、クレンジング料を長時間肌に触れさせるのはNG。ほどよく洗うことが大切なのです。

Q24 石けんオフコスメは、 **洗顔フォームでも** 落ちますか？

洗顔フォームの洗浄力は、配合されている界面活性剤や処方によって決まり、アイテムによって差が極めて大きいのが事実です。洗浄力が高いタイプの洗顔フォームなら、石けんの代わりに使っても問題ありません。

「エトヴォス」の洗顔フォームは、肌の潤いを守りながらも石けんレベルの洗浄力を実現。モイストアミノフォーム90g ¥3000／エトヴォス

Q25 ベースメイクが石けんオフコスメでも、 **アイシャドウや リップがそうでない場合** クレンジングを使った方がいい？

石けんで落ちないコスメだけを、コットンに含ませたポイントメイクリムーバーで落としてから、石けん洗顔を。

目元に優しくメイクをオフ。ナチュラグラッセポイントメイクアップ リムーバー100mL ¥2300／ネイチャーズウェイ

Q26 石けんオフに替えるだけで、肌はきれいになりますか？

A 今までクレンジングやダブル洗顔で肌のバリア機能を低下させていた人は、トラブルの改善による美肌効果が得られます。さらなる美肌を目指すなら、スキンケアを頑張りましょう！

Q27 朝洗顔はお湯洗いがいい？石けんを使った方がいい？

A 睡眠中に分泌した皮脂や代謝した古い角質を取り去るために、石けんまたは洗顔料できちんと洗いましょう。超乾燥肌の場合はぬるま湯洗顔でも構いませんが、毛穴が詰まりやすくなることがあります。

Q28 肌あれが発生してしまったときの対処方法を教えていただきたいです。

A 化粧水や美容液など、肌の刺激となりうるものをひとまずやめ、油分の多いクリームやワセリンだけで優しく包み、バリア機能の回復を促して。

Q29 鼻の黒ずみが長年直りません。いいスキンケアはありますか？

A 角栓が詰まって黒ずんでいるなら、角質ケア（→ P.66）を取り入れて、日々少しずつ黒ずみを取り去るケアがおすすめです。新たな角栓予防にも。

Q30 ニキビ痕のケア方法を知りたいです！とても悩んでいます。

A ニキビ痕の赤みや黒ずみは炎症によるメラニンの蓄積なので、美白美容液が効果的です。ビタミンCコスメ（→ P.68）も効果的。ニキビ痕に重ねづけしてみて。

Q31 毛穴レスな肌にするためのおすすめのスキンケアはありますか？

A P.64〜69でご紹介している基本のスキンケアを、ぜひ実践してみてください！

Q32 朝こっくりクリームを使っていますが、日中、ツヤ肌じゃなくてテカテカするのが悩み。どうお手入れしたらいい？

A 自分の皮脂が出ていてクリームをつけると油分過剰に感じるなら、無理に使う必要はありません。みずみずしい乳液やゲルに替えて。

Q33 肌が弱い人にはオーガニック系のコスメがいいですか？

A 有機栽培された植物原料を多く使い、化学成分をできる限り排除しているのがオーガニックコスメ。それと〝肌に優しい〟は必ずしも一致しません。植物エキスはさまざまな物質を含んでいるので、ものによっては肌の刺激になることも。肌が弱くて不安がある場合は〝敏感肌用〟と明記されたコスメを使うのがおすすめです。

Q34 洗顔後のケアの手順が、いまいちわかりません。

A 化粧水→美容液→乳液やクリーム、という手順が一般的ですが、迷う場合は水っぽく軽いものを先に、こっくり重めのものを後につけて。角質ケアコスメを取り入れる場合は洗顔後すぐに。

Q35 ニキビがひどい肌におすすめのコスメは？

A ニキビの原因にもよるので一概には言えませんが、落としすぎない洗顔でバリア機能を守り、過剰な皮脂や酸化を抑えるビタミンCコスメ（→P.68）を取り入れることは、ニキビ対策として理にかなっています。ニキビの原因は毛穴内のアクネ菌の増殖であり、表面の雑菌は直接の原因ではないので、ゴシゴシ洗う必要はありません。

Q36 クリームつけてマッサージをしたくても、敏感肌で真っ赤に。優しいクリームを知りたい！

A 敏感肌のために、特許取得のヴェール技術を使って作られた「ディセンシア」のクリーム（→P.99）を一度試してみてください。ただし、マッサージによる摩擦は敏感肌の負担になるので、優しくなじませるだけに。すりむいた傷は触らない方が早く治るのと同じことです。

Q37 乾燥肌でニキビができやすい！しっかり保湿してニキビも防ぐ方法を教えてください。

A P.64～69でご紹介している基本のスキンケアを実践しつつ、ニキビができやすい部分にはビタミンCコスメを重ねづけ、乳液やクリームはつけないかごく薄く、という調整で、肌を落ち着かせて。

Q38 もっと潤いを肌に入れたいのですが、最高級の保湿アイテムを知りたいです。

A 最高の保湿ケアは、自分の肌のバリア機能を高めることです。どんなに高価な美容液をつけるより、洗い過ぎを防ぎ、知的なスキンケアで角層を整えてバリア機能を高める方が、肌は確実にきれいになれます。

Q39 石けんとワセリンだけでケアしていますが、お手入れが足りないでしょうか？

A ワセリンの効果は、水分の蒸発を防いで肌をやわらかくすること。美容成分は入っていないので、敏感に傾いた肌を一時的に守るのには効果がありますが、普段のお手入れには不足かもしれません。角質ケア（→P.66）やビタミンCコスメ（→P.68）をプラスしてみて。

Q40 使用感がよくてSPF値も高くて、肌に優しく、石けんで落ちる日焼け止めをずっと探しています。おすすめはありますか？

A おすすめアイテムをご紹介します。他にP.54、56でもご紹介しているのでチェックしてみてください。

左：全身に使える。UVミルク センシティブ[医薬部外品] SPF50+・PA++++ 50mL ¥2800／アユーラ 中：美白効果も。ミネラルUV ホワイトセラム[医薬部外品] SPF35・PA+++ 30g ¥3500／エトヴォス 右：パウダーUV。オンリーミネラル マーブルフェイスパウダーシマー SPF50+・PA++++ 10g ¥4500／ヤーマン

Q41 よくないイメージのアルコール。化粧品に配合する理由はなんですか？

A アルコールには揮発作用があり、化粧水のスッとした爽快感をもたらしてくれます。また、溶剤として水や油に溶けにくい成分を配合するためや、殺菌・防腐目的にも使われます。アルコールは揮発するとき肌表面の水分も一緒に奪うため、敏感肌や乾燥肌の場合、刺激を感じることも。普通肌や脂性肌が使う分には問題ありません。

Passionate People

エトヴォス 取締役会長
尾川ひふみ さん

コスメを作る情熱家たち

多くの人の支持を集める魅力的なコスメには、必ず立役者がいます。熱い思いでコスメを作り続けている、3人の思いを取材しました。

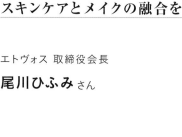

自分が欲しいものを作る、という姿勢をずっと貫いてきました

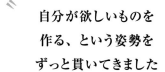

brand

ETVOS

name

HIFUMI
OGAWA

profile

1974年、大阪府出身。プログラマーやWebデザイナーを経て、2004年にECサイトでオリジナルコスメの販売をスタート。2007年、株式会社エトヴォスとして法人化。現在は滋賀県に住む。

2020年に創業14年目を迎えたというエトヴォス。「立ち上げた当時は、好きなコスメを作って食べていけたら充分ぐらいに思っていたので、驚いています」と語るのは、取締役会長の尾川ひふみさん。2020年には外資系ファンドの資本参入もあり、今後は国内の直営店を増やし、海外展開も強化予定とのこと。

もともとは、尾川さんが自身のニキビや肌あれをケアするために作ったビタミンC誘導体配合の化粧水を、ECサイトで販売したのが「エトヴォス」の原点。それ以来、尾川さんは開発者として〝欲しいもの、使いたいものを形にする〟という姿勢を貫いています。

「ブランドの歩みと共に私も歳を重ね、肌の色ムラやハリのなさ、小ジワなどが気になるようになりました。ずっとファンでいてくださるお客さまもそうだと思うんです。そこで2020年の秋に発売となる、マチュア世代の肌のためのベースメイク『ラシャススキン シリーズ』を開発しました。美容オイルや保湿成分を贅沢に配合し、乾燥による小ジワを目立たなくします（効能評価試験済み）。色やパールでくすみを飛ばし、ハリとツヤのある肌を演出してくれる下地とハイライトバームからスタートします。肌をきれいに見せてくれるだけでなく、しっとりとやわらかいテクスチャーで、開発期間中からずっと、手放せません」

エトヴォスは、創業以来〝良質なスキンケアと肌に負担をかけないベースメイクのシナジー効果〟にこだわっています。「スキンケア製品は皮膚科学をベースに、肌に負担をかけず必要なものを補うという考え方で開発しています。洗い方次第では肌の負担になることもあるクレンジングを省略できるよう、肌に密着して落ちにくくなる素材を使わない、ミネラルメイクを開発しました。ミネラルと天然由来成分を主原料としたメイクは、つけ心地も軽やかで肌の負担になりにくいもの。今回開発した『ラシャススキン シリーズ』は、そこから一歩進み、それ自身に肌を美しくするポテンシャルをもたせたメイクアイテムです。バームなど油性の剤形に水系の保湿成分を加えるのは難しいので、開発には時間がかかりましたが、またこのシリーズから新しいアイテムも出していけたらと思っています。スキンケア効果の高いメイクアイテム

メイクすることで
肌がよくなるような商品を
今後増やしていきたい

については、2018年に発売した、美容クリームにミネラルを練り込んだ『ミネラルアイバーム』というアイシャドウのヒットが、開発の後押しになりました。今後はこういった、スキンケアとメイクが融合したアイテムのニーズが高まると確信しています」

「エトヴォス」には他にも既存のファンデーションが形状違いで6種、アイシャドウやリップ、チークにも形状違いのものがそろい、スキンケアも肌悩み別のラインに細かく分かれていて、とにかくアイテムが豊富。これも尾川さんのこだわりです。

「好みの形状や色、肌悩みは人によって異なるので、たくさんの方に使っていただけるよう、かゆいところに手が届くブランドにしたいと思っているんです。資材や輸送

の部分でできる限りコストカットして、少数ずつ多品目という生産スタイルにこだわっています。とはいえ、何でもかんでもというわけではなく〝肌に悩みのある方に寄り添えること〟という芯を、貫いています。唇が荒れやすいけれど『エトヴォス』のリップなら使える、というような。ナチュラルコスメではあまりなかったようなトレンドカラーが『エトヴォス』では楽しめて、肌が荒れることもない。さらに、モードといっても激しいものではなく、ちょっと背伸びしたら使えるかも……というリアルクローズ感覚。お客さまにはコスメおたくの方も多いのですが、私自身がその一員なので、常にアンテナを張って、時代に合わせて進化していきたいと思っています」

たくさんの方に
使っていただけるよう
アイテムは豊富に

1
ニキビや肌あれ、乾燥、シミなど、幅広い肌悩みに応えるスキンケア。詳しくはP.86でご紹介。

2
乾燥による小ジワを目立たなくする（効能評価試験済み）「ラシャススキン シリーズ」。詳しくはP.13に。

3
「自分自身も40代後半になり、大人が満足して使えるアイテムが欲しかった」と語る尾川ひふみさん。

4
開発に苦労したという、「ラシャススキン シリーズ」の「ミネラルラディアントスキンバーム」。

1 2 3 4

Passionate People

敏感肌を、ただ守る
だけでなく、どこまでも
美しくしたい

DECENCIA 代表取締役

山下慶子 さん

brand

DECENCIA

name

YOSHIKO
YAMASHITA

profile

1976年、愛媛県生まれ。旅行
代理店勤務、絵画アーティス
トなどを経験後、2007年、
ポーラ・オルビスホールディ
ングスに派遣社員として参加。
同年株式会社 decencia に
出向、正社員や役員を経て、
2018年より現職。

それまでの敏感肌ケアの常識を塗り替える技術が誕生

「ディセンシア」の代表を務める山下慶子さん。そのキャリアは実にユニークで、そもそもは派遣社員として入社したそう。

「大学卒業後、中国留学や旅行代理店勤務を経て、自分の中に湧いたクリエイティブな衝動から絵を描いていた時期があるんです。並行して派遣会社に登録していたのですが、そこで紹介されたのがポーラ・オルビスホールディングスでした。2007年より勤務することになったのですが、当時、社内ベンチャーの第一号として、〝敏感肌専門ブランド〟を標榜する株式会社 decencia が設立されたんです。私はまずは出向派遣社員として勤務し、その後正社員になり、2018年から代表を務めています」

社内ベンチャー第一号として敏感肌化粧品事業が承認された理由は、ある研究員が開発した革新的な技術が、敏感肌に悩む人を救うカギになると評価されたから。

「それまで、敏感肌の方の選択肢といえば、皮膚科を受診するか、ごく穏やかな化粧品で保湿をするしかありませんでした。その

研究員は家族にアトピー性皮膚炎の方がいて、肌が荒れていることで悩み、自分に自信が持てず、社会との関わりに消極的になってしまう様子を長年見てきたそうです。そんな敏感肌をなんとかしたいと研究を重ねる中で、『ベントナイト』という粘土鉱物に着目。粉体にして保湿クリームに配合すると、肌に密着して擬似角層のようなバリア膜を形成し、外的刺激から肌を効果的に守るということがわかったんです」

ベントナイトの粉体は板状であるため、肌を面でぴったりと覆います。しかも水分の蒸発を防ぎ、保湿クリームの潤いを肌に閉じ込めてくれるので、角層の状態やバリア機能を整えることも可能。敏感肌にとって革新的なこの技術が、「ヴァイタサイクルヴェール®」として特許を取得しました。

「アトピー性皮膚炎に限らず、不安定だったり乾燥しやすい肌も同じですが、バリア機能が低下していて荒れやすい肌を頑張ってケアしても、外部刺激を受けたり外的環境が悪化すれば、すぐに元通りです。『ディセンシア』の発想は、例えるならビニールハウス。まずは土地と作物をシートで覆って外的環境から守り、その中で栄養を与えてあげれば、作物はすくすくと育ちますよね。『ヴァイタサイクルヴェール』技術を搭載したクリームにはセラミドなどの保湿成

敏感肌用コスメでも、
エイジングケアや
美白ケアは叶います

分も多く配合していますので、外的刺激を防ぎながら内側からも肌をケアすることが可能。ただ守るだけでなく、美肌へ導くことができるんです。〝敏感肌は、どこまでも美しくなれる。〟というブランドキャッチコピーは、ここに根拠があります」

「ディセンシア」には、現在4つのスキンケアシリーズがあります。

「まずは『つつむ』というシリーズが、『ヴァイタサイクルヴェール』を採用したクリーム2品でデビューしました。その後、お客さまと対話を続ける中で『敏感肌用コスメには美肌になれる期待を持てない』という思想が根強くあると知ったんです。それを覆すような、肌にハリやツヤをもたらす敏感肌用コスメがあったらと思い、エイジ

ングケアシリーズ『アヤナス』を誕生させました。さらに、炎症によってシミやくすみが起こりやすい敏感肌のための『サエル』シリーズ、敏感肌をスピーディに美しさへと導く高機能な『ディセンシー』シリーズを発表。敏感肌を軸にしたこの4シリーズで、今はひと通りお客さまのニーズに応えることができていると感じています」

大切なのは、正しいお手入れを毎日続けること。「清潔を保ち、適度に保湿して、紫外線から防御することが習慣化されていると、肌あれの悪化を防ぐことができます。アトピーや敏感肌でなくても、ゆらぎやすかったり乾燥しやすかったりと、肌に何かしら弱点を感じている方には、スキンケアを習慣化していただくことが大切です」

ゆらぎやすい肌に
大切なのは、日々の
正しいスキンケア

1
「全国のお客さまと、オンラインで対話を行っていますが、とても勉強になります」と話す山下さん。

2
「ヴァイタリイクルヴェール」を搭載したクリームは、ぴったりと肌を包み込むような感触がユニーク。

3
「ディセンシア」の4シリーズのクリームには、すべて「ヴァイタサイクルヴェール」が搭載されている。

4
敏感肌でも前向きにハリツヤ肌を目指せる、エイジングケアシリーズ「アヤナス」の詳しい紹介はP.98に。

Passionate People

目指すべきは、トラブルの
起こりにくい健康な肌。
それを叶えるのが発酵の力

勇心酒造 常務取締役

徳山孝仁 さん

brand

YUSHIN SHUZO

name

TAKAHITO
TOKUYAMA

profile

1974年、香川県生まれ。東
北大学農学部卒、東京大学大
学院農学生命科学研究科修
了。1998年に父親が経営す
る勇心酒造へ入社し、研究開
発や商品開発など幅広い業務
を手がける。

出口の見えない
米の総合利用研究に、
父が着手

「香川県の酒屋で生まれ育ち、学生時代は
仙台や東京で暮らしましたが、自分が帰る
頃には実家がなくなっているかも……とい
う覚悟を、常にもっていましたね」と、言
葉とは裏腹の笑顔で語る、勇心酒造の徳山
孝仁さん。実家がなくなるとは⁉

「父は、地元の酒屋である勇心酒造の5代
目社長ですが、ちょうど私が生まれた年に、
米の総合利用研究を始めました。日本人の
主食である米の高い栄養価に着目し、古く
から伝わる米の醸造発酵技術と先端のバイ
オテクノロジーを融合させ、健康や美容に
生かせないかという研究です。幼い頃は台
所の鍋で実験していたのを覚えています。
父は米のもつ健康への無限の可能性を信じ
ていて、子ども心にもその信念はすごいも
のだと感じていましたが、まったく先が見
えない中で10年以上も研究を続けていまし
たので、家の中は大変でした（笑）」

　父である徳山 孝さんとの対話の中で、研
究のポテンシャルの高さに孝仁さん自身も
感銘を受け、高校生のときに家業を継ごう

と決心。大学・大学院の農学部でバイオテ
クノロジーの専門家になるのに必要な知識
を蓄え、1998年、24歳のときに勇心酒造へ
入社します。ちょうどその少し前の1993年
に、孝さんと徳島大学との共同研究が実を
結び、「ライスパワー® No.11」が完成。これ
が勇心酒造の運命を変えます。

「ライスパワー No.11には、表皮の奥の基
底層まで素早く届いて代謝を健全に整え、
セラミドなど細胞間脂質の生成を増やし、
肌のバリア機能を改善する働きがありま
す。これは、単なる保湿を超える、美肌ケ
アの本質といえる働きです」と孝仁さん。
2001年には〝皮膚水分保持能の改善〟とい
う効能で、医薬部外品の有効成分として認
可されています。申請は1995年でしたが、
まったく新しい効能だったため、認可が下
りるのに6年かかったそう。

「ライスパワー No.11のすごさは、さまざ
まなトラブルに悩まされている敏感肌を、
バリア機能を高めることで根本から改善へ
と導いていく点です。敏感肌はバリア機能
が低く、外敵から守ることができない状態。
それにより、ちょっとした刺激にも反応し
て赤みやかゆみが起こりやすかったり、い
くら保湿しても潤いを保てなかったり、ニ
キビや肌あれなどのトラブルが起きたりす
るのです。そういった〝今起きている症状〟

ライスパワー®No.11で
トラブルの起こり
にくい健康な美肌へ

を一時的にごまかしても、敏感肌から抜け出すことはできません。高いバリア機能をもつ肌を育てることが、トラブルの根本解決となるのです。敏感肌は諦めないといけない肌質ではなく、正しいスキンケアで改善していけるものだと、私は考えています。ライスパワー No.11 は、肌のバリア機能を高め、敏感肌を解決へと導くたぐい稀なるスキンケアだと信じています」

　2002 年発売の、初めてライスパワー No.11 が配合された薬用クリーム「アトピスマイル®クリーム」は、皮膚科医を受診するような肌悩みをもつ人の〝薬のパートナー〟的存在に。2005 年に発売されたライスパワー No.11 配合の美容液「ライース®リエイジングエッセンス」は、健康で美しい肌を目

指すための毎日のスキンケアアイテムとして、ブランドをけん引する人気商品に（どちらも P.102 ～ 103 で紹介）。勇心酒造では、ライスパワー No.11 だけでなく、全部で 36 種ものライスパワーエキスを開発。うち 13 種がスキンケア製品やインナーケア製品に配合され、実用化されています。

「すべて原料は米ですが、微生物による発酵を経て多種多様な栄養素が生まれます。発酵方法の違いで栄養素のバランスが変わり、それが、エキスの作用の個性につながるんです。発酵の力、自然の力はすごい。その奥深さは、科学では到底かなわないと感じています。私たちはこれからも、健康と美容を主軸に、米の力を生かす発酵の研究を続けていきたいと思っています」

米の力、発酵の力は
圧倒的。科学では
到底かないません

1
取材時に見せてもらったライスパワーエキスの原液。どれも、さらさらとした水のような感触が特徴。

2
孝仁さんの父、勇心酒造の代表取締役である徳山 孝さん。今でも現役の研究者として研究を続ける。

3
香川県綾歌郡の美しい山に囲まれた、勇心酒造の社屋。発酵には欠かせない、水がきれいな土地。

4
健康や美容に寄与する米のパワーを引き出す独自の発酵技術「日本型バイオ」を、孝さんが開発。

5
「トラブルに対処するのではなく、トラブルが起こりにくい肌を作るスキンケア」と熱く語る孝仁さん。

6
ライスパワー No.11 をはじめとする、さまざまなエキスを含んだスキンケアを開発。詳しくは P.102 に。

Natural fragrance

**心と体に元気をもたらす
クリーンフレグランス**

考えが煮詰まったとき、気分転換したいとき、幸せに
包まれたいとき……。ナチュラルな香りの力に頼ってみませんか?
嗅覚を通してわずか0.2秒で脳に届き、心と体に作用するといわれる香り。
体にまとうのはもちろん、おうち時間の楽しみとしても。

写真の香水:アルコールフリーでありながら高い持続性を実現。さらに、リサイクル
されたガラスと砂を使用するなど、環境に優しいサステナブルな製法で作られたフレ
グランス。ローズやバイオレット、ハーブ調のダバナエッセンスが交わる奥深い香り。
エルメティカ ローズファイア オーデパルファム 50mL ¥15000／インターモード川辺

Eau de parfum & cologne

自分も周囲も心地よく。オーデパルファン＆コロン

精油や天然香料などをブレンドした、自分の気配になりすます
ように香るフレグランス。香りなしはつまらないけど、強いのも NG。
近寄って初めて気づく程度の繊細さが、大人の香りのマナーです。

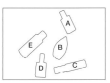

A 穏やかなフランキンセンスの精油を中心に、ベルガモットやマジョラム、パチュリなど10種の精油を調香。落ち着きのある香り。オードパルファン フランキンセンス 50mL ￥12000 ／ニールズヤード レメディーズ　B 西洋のハーブに墨やお茶の香りをブレンドした、凛と知的なフローラルグリーン。スピリットオブアユーラ オードパルファム（ナチュラルスプレー）50mL ￥3800 ／アユーラ　C 柑橘やグリーンティなどがみずみずしく香る。ホワイトティー オードパルファン 40mL ￥3800 ／SHIRO　D 人がそれぞれもつ肌の香りを内側から引き出すような、パーソナルなフレグランス。ダウンパフューム オードパルファム（フォーミュラ エックス）30mL ￥10500 ／デュード　E 香り豊かで力強いネロリのアブソリュート（香気成分）を中心とした、100％ヴィーガンフレグランス。ボタニカルコロン アブソリュート アクアパルマリス 100mL ￥9600 ／クヴォン・デ・ミニム

Body care

みずみずしく 潤ってほんのり香るボディケア

お風呂上がりになじませる、ボディミルクやオイルに
精油や天然香料が入っていたら、それだけでボディケアが楽しい習慣に。
ほんのりした残り香で、日中もベッドの中も心地よく。

A お尻や太もも、二の腕などの肌のざらつきをケアするためのマッサージオイル。爽やかな香りでブランド人気No.1。ホワイトバーチ ボディオイル 100mL ¥3800／ヴェレダ **B** オーガニック植物オイルが潤いを持続させるボディミルク。イランイランとゼラニウムの甘くフェミニンな香り。アルジェラン モイスト ボディミルク（フローラルアロマ）220mL ¥1100／マツモトキヨシ **C** ラベンダーやゼラニウムの爽やかな香り。さらっとしたマッサージオイルは顔にも使える。アロマティック マッサージオイル 100mL ¥2500／ニールズヤード レメディーズ **D** 自然由来98%。ローズやサンダルウッド、セダーウッドをブレンドした独自の香りが心地いい。スムース ボディミルク 150mL ¥3000／アスレティア **E** 精油やハーブエキスを配合し、気持ちを解きほぐすように甘く香る。ラ・カスタ アロマエステ ボディミルク SC 200mL ¥1800／アルペンローゼ

Room fragrance

おうち時間が楽しくなるルームフレグランス

何も予定を入れない休日やリモートワークの日が増えたなら、
お部屋のための香りを新調してみて。爽やかな空間には〝出かけられない〟
が〝出かけたくない〟に変わるほど、幸福のパワーがあります。

A 多忙で休まらない心と体を落ち着かせる、ハーバルシトラス調の香り。寝室にも、リビングにも。ザ パブリック オーガニック スーパーディープナイト ホリスティック精油ピローミスト レストフルスリープ 60mL ￥2800 ／カラーズ　B ラベンダーやローマン カモミールなど、入眠のためのやわらかなブレンド。寝具や空間に。グッドナイト ピローミスト 45mL ￥2800 ／ニールズヤード レメディーズ　C 旅先の情景をイメージした、天然精油のルームミスト。海と海岸を思い起こさせる、潮風のように軽快な香り。スイッチング アロマルームミスト EEEI THE WIND 100ml ￥2500 ／アスレティア　D 空気を浄化するようなユーカリラ ディアータ精油と、熊本産ペパーミントなどのブレンド。ルームフレグランスアロマミスト ER 250mL ￥2200 ／THREE　E ユリやジャスミンの濃厚な香りを、約 2 カ月半楽しめる。ホワイトリリー ルームフレグランス 200mL ￥4200 ／SHIRO

今さら聞けない
美容用語辞典

本書を読んでいて
何度か出てきたけれど、
その意味、なんだっけ……？
となりがちな美容用語を
ピックアップし、
その意味を簡単にまとめました。

アイホール

上まぶたの、眼球の丸みのエリア（目を閉じて指の腹で触れたときに、眼球の丸みを感じる部分）。ここにアイシャドウのミディアムカラーを入れるのが、基本のアイメイク。

医薬部外品

厚生労働省に認可された薬用有効成分を配合し、シミやニキビ、肌あれなどを予防する効果が認められた製品のこと。

<ruby>SDGs<rt>えすでぃーじーず</rt></ruby>

Sustainable Development Goals の略であり、2015 年 9 月の国連サミットで採択された、持続可能でよりよい世界を目指すための国際目標。現在（2020 年）、CO_2 による地球温暖化や海洋プラスチック問題は限界を迎えていて、各国の取り組みは急務です。

<ruby>SPF<rt>えすぴーえふ</rt></ruby>

Sun Protection Factor の略。紫外線のうち UV-B から肌を守る、日焼け止めの国際的な測定方法。日本では「SPF20」など数字で示され、SPF1 ＝紫外線を浴びてからおおよそ 20 分後に肌が赤みを引き起こす（つまり 20 分間肌を守れる）という意味。国内では最大表示が 50+ と定められています。

オーガニックコスメ

有機栽培された自然由来成分を多く使用し、化学的な合成成分をなるべく避けて作られた化粧品。欧米には民間の認証機関がありますが、国際的に共通の指標や基準もないため、その品質はさまざま。環境保全を目的としたものであり、オーガニックだから肌にいい、ということはありません。

界面活性剤

界面とは水と油などの境目のことで、水性と油性の物体を混ぜるための物質。クレンジング料や洗顔料には油性の汚れを水ですすぎ落とすために合成の界面活性剤が配合され、乳液やクリームの油と水をムラなく混ぜて安定させるためにも使われています。石けんは、天然油脂や脂肪酸から作られ、生分解性が高く肌にも地球にも優しい天然由来の界面活性剤です。

角層（角質層）

肌の最表面にあって、紫外線や雑菌などの外的刺激から肌を守り、水分を保つ役目を果たす層。角層細胞が何層にも重なって、その隙間を細胞間脂質（「さ」の項目参照）が埋めています。角層細胞はすでに死んでいて、日々少しずつ剥がれ落ち、内側からまた新しい角層細胞が生まれます。

活性酸素

呼吸によって体内に取り入れた酸素が、エネルギーを作る過程で変化したもの。殺菌力が強く、適量なら細菌やウイルスを撃退する役目を果たしますが、増えすぎると体や肌の細胞を攻撃し、ニキビやシミ、シワ、たるみなどの肌トラブルを引き起こします。

<ruby>顔料<rt>がんりょう</rt></ruby>

白色やさまざまな色の粉末で、水や油に溶けない粉末状の着色剤のこと。顔料に対し、水や油に溶ける着色剤を「染料」といいます。顔料には天然のミネラルや酸化物から作られる「無機顔料」と、石油などから合成する「有機顔料」があり、石けんオフコスメには主に無機顔料が使われています。

コールドプロセス製法

石けん作りの手法のひとつ。石けんの主原料は油脂と苛性ソーダですが、ふたつが反応したときに発生する熱を利用し、加熱せず 1 カ月以上時間をかけて熟成、乾燥させる、高級石けんに多い製造方法です。コールドプロセス製法で作られた石けんは保湿成分のグリセリンを含むので、泡立ちが柔らかく、洗い上がりがしっとりとします。

コントゥアリング

ハイライトやシェーディングを使って骨格のメリハリを強調し、顔を立体的に見せたり小顔に見せるメイクの手法。

<ruby>細胞間脂質<rt>さいぼうかんししつ</rt></ruby>

肌表面の角層内で、角層細胞の隙間をセメントのように埋めている脂質のこと。セラミドやコレステロール、遊離脂肪酸などで構成されます。外敵の侵入を防ぎ、肌内部の水分の蒸発を防ぐバリアの役目を担っています。強いクレンジングや洗い過ぎによって汚れとともに細胞間脂質が流されてしまうと、バリア機能が低下して肌トラブルが起こりやすくなります。

サステナブル

訳すと「持続可能な」。人間の社会・経済活動が自然環境に悪影響を与えず、自然と共存しながら活動を維持できることを示す言葉。今、化粧品の容器や資材によるプラスチックごみや森林破壊、日焼け止めの化学合成成分による海洋汚染などが問題になっていて、各社の取り組みが活発化しています。

紫外線

地表に届く太陽光の一種。英語ではUltravioletなので、UVと表記されることも。まぶしさや暑さを感じることはありません。地表に届く紫外線は、波長が短くエネルギーが強いUV-Bと、波長が長くエネルギーは穏やかなUV-Aの2種。UV-Bは皮膚表面の炎症や黒化、シミの原因に。UV-Aは肌の深部まで届いて真皮の弾力繊維にダメージを与え、シワやたるみの原因になります。

精油

エッセンシャルオイルとも呼ばれます。植物から蒸留によって抽出した、揮発性の油。葉や根、花弁などにある腺に貯蔵されていて、心地よい香りやさまざまな作用をもっています。天然100％のものだけが精油と呼ばれ、人工的に香りづけされたアロマオイル、ポプリオイルなどとは異なるもの。

セラミド

角層に存在する細胞間脂質（「さ」の項目参照）の一種。化粧品の原料としてのセラミドは、コメやコンニャク、ミルクなどから作られています。

バーム

固形状の油分の総称。ミツロウやシアバターなどをベースにした植物由来のものと、ワセリンをベースにした合成のものがあります。保湿剤としてのバームは、肌表面を膜で覆い、水分の蒸発を抑えるとともに、肌をやわらかくする働きがあります。界面活性剤が配合されたクレンジングバームも。

PA

Protection grade of UVAの略。日本化粧品工業連合会が定めた、紫外線のうちUV-Aから肌を守る指標です。PA+・++++の4段階で示され、＋が多いほど防御力が高いという意味。

BBクリーム

Blemish（傷）balm（バーム）の略。もともとは、美容医療後の過敏になった肌を保護しつつ赤みを隠すための、ベージュ色の医療用軟膏でした。転じて、美容液と保湿クリーム、日焼け止め、ファンデーションを兼ねたオールインワンコスメとして韓国でヒットし、世界的な人気アイテムに。

フィルムタイプ（アイメイク）

水溶性の合成ポリマーを配合し、乾くとフィルム状になるマスカラやアイライナーのこと。一定の温度以上のぬるま湯に触れるとバラバラになるポリマーを配合しているので、ぬるま湯でするっと落とすことができます。落としやすい反面、カール持続力が弱かったりボリュームが出にくいという弱点もあり、最近は、油性成分も適度に配合して仕上がりを高め、〝お湯＋洗顔料オフ〟と表記している新タイプも。

ブルーライト

可視光線の中で最も波長が短く、強いエネルギーをもつ光。太陽光にも含まれるし、PCやスマホ、TVからも発せられます。目の網膜にダメージを与えたり、肌の奥に届いて光老化の原因になることも。

マルチカラー

メイクコスメにおいては、目元、口元、頬と顔じゅうどこにでも使えるアイテムのこと。石けんオフコスメに多いアイテムです。

ミネラルコスメ

酸化チタンや酸化亜鉛、酸化鉄、マイカなどの天然鉱物（ミネラル）を主成分にしたコスメ。ミネラルの自然な色や、酸化鉄を焼いた鮮やかな色が楽しめます。ミネラル100％、またはミネラルと天然由来成分100％でできているものが多く、その場合石けんで落とせるので肌に負担をかけません。

わ

枠練り（石けん）

油脂と苛性ソーダを反応させて得られる石けん素地に香料や色素、保湿剤などを加え、大きな枠の中に流し、冷やし固めてカット。じっくり乾燥・熟成させるという石けんの製法です。溶けくずれしにくい反面、泡立ちがやや悪いという弱点が。これに対し、機械で一気に練り込み、口金から押し出して成型する「機械練り」は水に溶けやすく泡立てやすいのですが、保湿成分はほとんど入っていません。「か」の項目のコールドプロセス製法は、枠練りの一種で、熱を加えず乾燥させるから美容成分が壊れにくい贅沢な製法。

石けんオフメイク研究会 今作のメンバー紹介

新たな女優と歌手、ヘア＆メイクアップアーティストが加わって、石けんオフメイク研究会が
パワーアップ。美容やコスメに対するそれぞれの思いと、今のお気に入りアイテムをご紹介します。

会員
No.1

安達祐実
女優

→プロフィールはP.35

長い読者の方とは、もう3冊目のお付き
合い。今回もありがとうございました。
石けんオフメイクもスキンケアも、頑張っ
ただけ成果が出るのがうれしい。みんな
で一緒に美肌になりましょう！

Love it !

愛用のソープ。洗い上がりが
しっとり気持ちいい。オメガ
フレッシュモイストソープ
フランキンセンスブレンド
100g ¥2800 ／ MiMC

会員
No.7

中村ゆり
女優

→プロフィールはP.50

この本の制作に携わることができて幸せ
でした。美容の意識が高まり、新しい自
分の顔も知ることができました。研究会
メンバーとして、これからも石けんオフ
メイクを続けていきたいです。

Love it !

使う前に混ぜる、フレッシュ
な高濃度ビタミンC化粧液。
つけていると肌の調子がいい
です！ APSソリューション
10 80mL ¥7400 ／タカミ

会員
No.8

鈴木愛理
歌手

→プロフィールはP.75

年を重ねて肌が変わってきたかもと感じ
ていたタイミングで、石けんオフメイク
研究会に参加できてよかったです。落と
し過ぎの弊害を知り、最近はスキンケア
のやり方も変わりました！

Love it !

発色がよく、肌になじませる
とさらっとして使いやすいと
ころがお気に入り。アクア・
アクア オーガニッククリー
ムチーク02 ¥2000 ／ RED

会員
No.3

AYA
ヘア＆メイクアップ
アーティスト

→プロフィールはP.36

前作に続きメイクを担当させていただき、
石けんオフコスメの色や形状のバリエー
ションがさらに広がったのを実感。肌に
負担がかからないのに洗練された仕上が
りで、選ぶ選択肢が増えました。

Love it !

顔中どこにでも使える、洗練
されたピンクベージュ。セミ
マットな質感も好き。ミネラ
ルマルチパウダー トープピ
ンク ¥2300 ／エトヴォス

会員
No.9

岡田知子
ヘア＆メイクアップ
アーティスト

→プロフィールはP.36

趣味でサーフィンをするので、環境汚染
は身近な問題。生分解性の高い石けんで
落とせるメイクは以前から意識していま
したが、今回たくさんのアイテムを知り、
さらに可能性が広がりました！

Love it !

発色も色もちもよく、顔がパッ
と明るく。オンリーミネラル
N by ONLY MINERALS ミ
ネラルソリッドチーク コンプ
リート01 ¥3200／ヤーマン

会員
No.6

大塚真里
エディター

→プロフィールはP.62

SNSに届く読者の方々の声を、日々参考
にして作った1冊です。飽きないビジュ
アルはもちろん、情報としての確かさと
充実度にこだわりました。多くの方に読
んでいただけたらうれしいです。

Love it !

これを使っていると肌が安定。
高級品ですが、肌は一生もの
だから！と愛用しています。オ
バジ C25セラム ネオ 12mL
¥10000 ／ロート製薬

Epilogue

　本書のタイトル『肌がきれいになる』。石けんオフメイク
で洗い過ぎをやめてバリア機能を守り、肌に必要なことを
きちんと理解して知的なスキンケアをすれば、誰でも絶対、
今よりきれいな肌になれる！　そんな思いがたくさんの人
に伝わるように、このタイトルを選びました。

　きれいな肌になること、繰り返す肌トラブルから抜け出
すことは、誰にでも平等に与えられた可能性です。もちろ
ん「憧れの○○さんと同じ肌になりたい」というのは、難
しい話。肌質やきめの細かさ、毛穴の大きさはある程度生
まれつきのもので、それを変えることはできないからです。
でも、間違ったお手入れによってマイナスになってしまっ
た肌を、洗い過ぎをやめることでゼロまで戻すことができ
ます。そして、正しく知的なスキンケアをすれば、ゼロか
らプラスにもっていくことはできるのです。本書のメソッ
ドを取り入れることで、自分の肌を好きになり、自信をもっ
ていきいきと輝ける方が増えることを願っています。

　シリーズ3冊目の本を作ることができました。制作に尽
力くださったスタッフの方々、マネージメント事務所や化
粧品会社の方々、文藝春秋の梅崎涼了さん、そしていつも
応援くださる読者の皆さまに、心よりお礼申し上げます。

2020年8月　石けんオフメイク研究会

cover, P17, 18-19, 30-31
スカート／チョノ(チョノ／ NECT Design)
ピアス／ SIRI SIRI

P17, 20-21, 30-31
ワンピース／ミドラ(アルディム)
カットソー／ J.C.M
ネックレス、リング／ともにラナスワンズ(ススプレス)

P17, 22-23, 30-31
シャツ／マノン(エムケースクエア)
イヤーカフ／ゴールディ

P17, 24-25, 32-33
アンサンブルニット／神戸レタス
パンツ／ランブルレッド(ランチフィールド)
バングル、ピアス／ともにラナスワンズ(ススプレス)

P17, 26-27, 32-33
ジャケット、パンツ／ともにライフ ウィズ フラワーズ(クレヨン)
ピアス・リング／ SIRI SIRI
靴／ア ドゥ ヴィーヴル

P17, 28-29, 32-33
ワンピース／ヌキテパ(ヌキテパ青山)
スカート／ティグル ブロカンテ
ピアス／ SIRI SIRI
バングル／サンデイ (ココシュニック オンキッチュ 新宿マルイ店)
靴／ RANDA

P34-35
ワンピース／チョノ(チョノ／ NECT Design)
ピアス／ SIRI SIRI
靴／ MANGO(ロコンド)

P36-37
コート、ワンピース／ともに MANGO(ロコンド)
ピアス／ココシュニック

P37, 56 HOW TO
ブラウス／アローブ ジェイアール名古屋タカシマヤ店

P38 上
ワンピース／ライフ ウィズ フラワーズ(クレヨン)
イヤリング／エネーダ(ココシュニック オンキッチュ 新宿マルイ店)

P38 下
シャツ／ MANGO(ロコンド)
タートルトップス／ティグル ブロカンテ
ピアス／ソムニウム

P40
ワンピース／ヌキテパ(ヌキテパ青山)
スカート／ライフ ウィズ フラワーズ(クレヨン)

P42
コート／マノン(エムケースクエア)
ニット／ライフ ウィズ フラワーズ(クレヨン)
イヤリング／ベック・ベッティーナ(ココシュニック オンキッチュ 新宿マルイ店)

P43 左
トップス／ J.C.M
ネックレス／ SIRI SIRI

P43 右
ワンピース／ MANGO(ロコンド)
イヤリング／ココシュニック

P50-51
トップス／ライフ ウィズ フラワーズ(クレヨン)
パンツ／オムニゴッド代官山
パールネックレス／ソムニウム
コインネックレス／ココシュニック
眼鏡／アイヴァン 7285 トウキョウ
靴／ウィステリアフジワラ

P53
エコレザーパンツ／ MANGO(ロコンド)
イヤリング／ゴールディ

P54-55
カーディガン／ J.C.M
パンツ／カミシマ チナミ(カミシマ チナミ 青山店)
スカーフ／ MANGO(ロコンド)

P54, 58 HOW TO
シャツ／カミシマ チナミ(カミシマ チナミ 青山店)

P56-57
トップス／アローブ ジェイアール名古屋タカシマヤ店
パンツ／バント(リアルスタイル)
ピアス／ココシュニック

P58
シャツ／マノン(エムケースクエア)
ワンピース／ライフ ウィズ フラワーズ(クレヨン)
ピアス／ SIRI SIRI

P59
デニムジャケット／ MANGO(ロコンド)
イヤリング、リング／ともにラナスワンズ(ススプレス)

P74-75
ワンピース／ MANGO(ロコンド)

P116
ガウン／ sara mallika(ルシファー リサーチ)
タンクトップ／ RANDA
パンツ／アローブ ジェイアール名古屋タカシマヤ店

SHOP LIST

COSMETICS

アウェイク	0120-586-682
アスレティア	0120-220-415
アムリターラ	0120-980-092
アユーラ	0120-090-030
アルペンローゼ	0120-887572
井田ラボラトリーズ	0120-44-1184
インターモード川辺 フレグランス本部	0120-000-599
ヴァントルテ	0120-836-400
ヴェレダ・ジャパン	0120-070-601
UZU(ウズ バイ フローフシ)	0120-963-277
エトヴォス	0120-0477 80
MiMC	03-6455-5165
オルビス	0120-010-010
かならぼ	0120-91-3836
カラーズ	050-2018-2557
クヴォン・デ・ミニム	03-5413-8326
Koh Gen Do	0120-700-710
ZAO JAPAN	078-855-6650
SHIRO	0120-275-606
スキンケアファクトリー	0120-055-033
THREE	0120-898-003
セザンヌ化粧品	0120-55-8515
タカミ	0120-291-714
TV&MOVIE	03-6721-6421
ディーフィット	0120-56-0971
ディセンシア	0120-714-115
デュード	03-5458-3085
ドクターケイ	03-6231-7501
ニールズヤード レメディーズ	0120-316-999
24h cosme	0120-24-5524
ネイチャーズウェイ	0120-060802
ハーブラボ	0120-532-727
HACCI	0120-1912-83
マツモトキヨシ	0120-845-533
メディプラス	0120-34-8748
ヤーマン	0120-776-282
勇心酒造	0120-73-4141
RED	03-6455-4050
レ・メルヴェイユーズ ラデュレ	0120-818-727
ロート製薬	03-5442-6001
ロート製薬(オバジコール)	03-5442-6098

CLOTHING

アイヴァン 7285 トウキョウ	03-3409-7285
ア ドゥ ヴィーヴル	06-6454-1266
アルディム	03-6280-8563
アローブ ジェイアール名古屋タカシマヤ店	052-566-8635
ウィステリア フジワラ	03-5808-0744
エムケースクエア	06-6534-1177
オムニゴッド代官山	03-5457-3625
カミシマ チナミ 青山店	03-3406-9210
クレヨン	03-3709-1811
神戸レタス	www.lettuce.co.jp
ココシューッツ	03 5413 5140
ココシュニック オンキッチュ 新宿マルイ店	03-3356-5776
ゴールディ	0120-395-705
J.C.M	03-6661-7725
SIRI SIRI	03-6821-7771
ススプレス	03-6821-7739
ソムニウム	03-3614-1102
チョノ／ NECT Design	046-801-3993
ティグル ブロカンテ	092-761-7666
ヌキテパ青山	03-6427-9945
RANDA	06-6451-1248
ランチフィールド	03-6794-3470
リアルスタイル	0745-43-6355
ルシファー リサーチ	03-6427-9951
ロコンド	www.locondo.jp

MODELS　　　　　　安達祐実
　　　　　　　　　　中村ゆり
　　　　　　　　　　鈴木愛理

PHOTOGRAPHS　　横山創大　［cover, model：P.17-23, 28-35, 38-39, 42, 52-53, 59, 62-69, 74-76, 123, 126］
　　　　　　　　　　嶌原佑矢　［model：P.17, 24-27, 32-33, 36-37, 40-41, 43, 50-51, 54-58, 116-119, 123］
　　　　　　　　　　魚地武大（TENT）　［still life：P.7-16, 79-85, 90-91, 101-103］
　　　　　　　　　　吉田健一　［still life：P.2-3, 44-49, 70-73, 87-89, 93-99］
　　　　　　　　　　釜谷洋史　［cut out］
　　　　　　　　　　鈴木七絵　［P.110-115］

HAIR & MAKEUP　　AYA（LA DONNA）　［cover, P.17-23, 28-35, 38-39, 42, 52-53, 59, 62-69, 74-76, 123］
　　　　　　　　　　岡田知子（TRON）　［P.17, 24-27, 32-33, 36-37, 42-43, 50-51, 54-58, 116, 123］

STYLING　　　　　　辻村真理　［cover, model］
　　　　　　　　　　浜野美由紀　［still life］

BOOK DESIGN　　　米持洋介（case）

EDIT & TEXT　　　　大塚真甲

EDITORIAL ASSIST　星野加奈

PRODUCE　　　　　大塚事務所

肌がきれいになる —— 石けんオフメイク&知的スキンケア

2020年8月30日　第1刷発行
2020年9月 5 日　第2刷発行

著　者　　石けんオフメイク研究会
発行者　　鳥山 靖
発行所　　株式会社 文藝春秋
　　　　　〒102-8008
　　　　　東京都千代田区紀尾井町3-23
　　　　　電話 03-3265-1211

印刷・製本　　光邦
DTP制作　　エヴリ・シンク

石けんオフシリーズ 好評既刊

ナチュラルコスメの開発者による、クレンジングとケミカルをやめる美肌論。自然派志向の方へ。

クレンジング不要で肌に負担のかからない「石けんオフメイク」をもっと楽しむためのメイク本。

**クレンジングをやめたら
肌がきれいになった**

北島 寿 著
定価 本体1400円＋税 文藝春秋刊

**肌がきれいになる
石けんオフメイク**

石けんオフメイク研究会 著
定価 本体1400円＋税 文藝春秋刊

石けんオフメイク研究会とは

皮膚科医に取材を重ねてスキンケアに精通したエディターとヘア＆メイクアップアーティストが集まり、石けんオフメイクやスキンケアに興味のある著名人も表現に加わって、それぞれの視点から〝美肌になること〟を楽しく追求する同好会です。

 公式インスタグラム：@sekken_official
www.instagram.com/sekken_official